Niveau débutant

grammaire expliquée du français

Sylvie Poisson-Quinton
Célyne Huet-Ogle
Roxane Boulet
Anne Vergne-Sirieys

CLE
INTERNATIONAL
www.cle-inter.com

Direction éditoriale : Michèle Grandmangin
Édition : Bernard Delcord
Couverture : Laurence Durandau
Illustration : Marco
Mise en page : CGI
Maquette : Laurence Durandau/Télémaque

AVANT-PROPOS

La *Grammaire expliquée du français* pour débutants a été conçue dans un souci constant de clarté et de simplicité.

Enseignantes de français depuis de longues années, nous savons combien les premiers pas dans une langue étrangère sont importants, à la fois excitants et difficiles, et combien le risque est grand de se décourager en chemin.

Sachant aussi que la grammaire française est réputée difficile, à tort ou à raison, nous pensons qu'il est cependant possible d'expliquer simplement les faits grammaticaux : en insistant sur la « lisibilité » de l'ouvrage ; en utilisant le minimum de métalangage mais, pour illustrer les explications grammaticales, en proposant de très nombreux exemples pris dans la vie de tous les jours, des dessins permettant de visualiser tel ou tel fait grammatical, des schémas, des tableaux récapitulatifs…

Cette grammaire s'adresse à des apprenants débutants, adolescents ou adultes. Elle les accompagnera dès leurs premières semaines d'apprentissage du français, soit que l'enseignant l'utilise en complément du manuel habituel, soit qu'il s'en servent comme document-ressource à la maison.

Une première partie *Outils grammaticaux* traite classiquement, en termes très simples et toujours en partant d'exemples, des différentes parties du discours : le nom, ce qui le précède (les articles), ce qui le complète (les compléments de nom, les adjectifs), ce qui le remplace (les pronoms) ; le verbe, les principaux temps de l'indicatif, les occurrences les plus fréquentes du subjonctif et du conditionnel, les formes impersonnelles, l'emploi du passif, la construction des verbes ; les mots invariables (prépositions et adverbes) ; la phrase négative, interrogative, exclamative.

Une seconde partie *Comment exprimer… ?* se réfère davantage à une approche notionnelle-fonctionnelle. Elle permet aux apprenants débutants de très vite se débrouiller dans les diverses situations de communication qu'ils rencontrent : comment se situer dans le temps et dans l'espace, comment suggérer quelque chose, accepter ou refuser une proposition, émettre un doute ou une restriction, formuler un souhait… Ici encore, chaque fait de langue est toujours mis en situation, soit par une phrase ou un petit dialogue, soit par un dessin.

On pense parfois que la grammaire est ennuyeuse et compliquée. Nous souhaitons avec cette grammaire, vous montrer qu'il n'en est rien. Elle peut être intéressante, amusante et beaucoup plus simple qu'on le dit.

Les auteures.

SOMMAIRE

GLOSSAIRE

Adjectif qualificatif............................ Il donne des informations sur un nom ou un pronom : *Un **beau** livre. – Je suis **heureux**...*

Adverbe.. Il donne des informations sur un verbe : *Je l'aime **beaucoup*** ; un adjectif : *Elle est **très** belle* ; un autre adverbe : *Il est **bien plus** beau que son frère.*

Antériorité... Signifie qu'une action se situe avant une autre action.

Article .... Il y a trois types d'articles : les définis (***le, la, les***) ; les indéfinis (***un, une, des***) et les partitifs (***du, de la, des***).
Les article définis peuvent avoir une forme « contractée »
→ *à + le = au ; à + les = aux ; de + le = du ; de + les = des.*

Auxiliaire (verbe)................................ Les deux verbes avoir et être. Ils servent à construire :
– les formes composées des temps : *Je **suis** venu. – Il **est** parti. – Nous **avons** parlé...*
– la forme pronominale : *Ils **se sont** rencontrés à Rome.*
– la forme passive : *Il **a été** arrêté par la police.*

But .... Idée de conséquence souhaitée, désirée : *Il fait des efforts **pour être gentil**.*

Cause .... On indique la raison d'une action ou d'un état : *Elle est contente **parce qu'**il fait beau.*

Comparatif... *Plus grand, aussi grand, moins grand ; meilleur, pire...*

Complément d'agent.......................... Dans les phrases à la forme passive, l'agent « fait l'action ». Il est précédé de par (ou quelquefois de de) : *Il a été arrêté **par la police**. – Il est adoré **de tout le monde**.*

Complément d'objet direct (COD) ..... Il vient directement après le verbe : *J'aime **mon chat**. – Il regarde **la télévision**.*

Complément d'objet indirect (COI).... Il est introduit par une préposition (le plus souvent à ou de) : *Je pense **à mon frère Denis**. – Il s'occupe **de son voyage** en Australie.*

Complément de nom.......................... Il suit un nom et il est introduit par de : *Vous aimez ce roman **de Balzac ?** – C'est la nouvelle voiture **de son fils Pierre**.*

Concordance des temps .... C'est la relation entre le temps de la proposition principale et celui de la proposition subordonnée : *Il m'**a** dit qu'il **partait** demain.*

Condition .... Idée qu'une action dépend d'une autre action : *Si tu veux, viens !*

Conditionnel .... – Temps (= futur du passé) : *Il a dit qu'**il reviendrait** bientôt.*
– Mode exprimant la possibilité : *S'il faisait beau demain, on **pourrait** sortir.*
– ou la politesse : *Vous **pourriez** fermer la fenêtre ?*

Conjonction	Mot qui relie deux mots : *Je voudrais un café **et** un sandwich* ; ou deux propositions : *Il est venu **et** il m'a raconté une histoire bizarre. – Je sors **parce qu'**il fait beau. – Il a insisté **pour que** tu dises oui.*
Conséquence	Idée de résultat d'une action ou d'un état : *Il pleut. **Donc**, je reste à la maison.*
Déterminant	Mot placé avant le nom et qui sert à le préciser : – ***Ces** garçons, ce sont **vos** fils ?* – ***Le** plus grand est **mon** fils. L'autre est **mon** neveu.*
Discours direct	On reprend le discours exactement : *Il a dit : « **Je ne fume plus !** »*
Discours indirect	On répète ce que quelqu'un a dit : *Il a dit **qu'il ne fumait plus**.*
Genre	Il y en a deux : le masculin (le garçon, un garçon) et le féminin (la fille, une fille).
Gérondif	en + participe présent. Il a une valeur de temps : ***En sortant**, ferme la porte !* Mais aussi de manière : *Il a trouvé un travail **en cherchant** sur Internet.* Ou de condition : ***En cherchant** sur Internet, tu aurais trouvé un travail.*
H aspiré	Avec le h aspiré, pas de liaison avec le mot précédent : ***Les/Hollandais** ; **en/haut** ; il vit **en/Hongrie…***
H muet	On fait la liaison avec le mot précédent : ***Les hommes*** [lezɔm], ***les histoires, un hôtel, l'hiver**.*
Impératif	C'est un mode personnel qui sert à donner un ordre : *Viens !* ; un conseil : *Fais bien attention, sois prudent !* ; une prière : *Aide-moi, s'il te plaît !* Il n'a pas de sujet exprimé et seulement trois personnes : *Pars – Partons – Partez.*
Impersonnelle (forme)	Il peut s'agir d'un mode impersonnel (voir *Infinitif, Participe, Gérondif*) qui n'a pas de sujet exprimé ou d'un verbe impersonnel : il y a, il faut, il pleut, il neige, etc.
Indicatif	Mode exprimant une action ou un état réel, qui existe dans le temps.
Infinitif	C'est comme le nom de famille du verbe. Il a deux formes, la forme simple (venir, apprendre, savoir…) et la forme composée (être venu, avoir appris, avoir su…).
Interlocuteur	La personne à qui l'on s'adresse.
Interrogative (forme)	Il y a quatre manières de poser une question : Par simple intonation : *Tu veux boire ?* Avec « est-ce que » : *Est-ce que tu veux boire ?* Par inversion du sujet (c'est plus soutenu) : *Veux-tu boire ?* Avec un mot interrogatif (où, quand, comment, etc.).
Liaison	Liaison dans certains cas d'une consonne finale avec la voyelle (ou le h muet) du mot suivant : *les enfants* [lɛzɑ̃fɑ̃].
Locuteur	C'est la personne qui parle ou qui écrit.

Mise en relief	On met en valeur, en évidence, un élément de la phrase : *C'est **elle et elle seule** qui a fait ça.*
Modaux (verbes)	Ce sont les verbes **devoir**, **pouvoir**, **vouloir**, **savoir**, **croire** et leurs synonymes.
Mode	Il exprime l'attitude, l'intention du locuteur. On distingue les modes personnels (qui se conjuguent : indicatif, conditionnel, subjonctif, impératif) et les modes impersonnels (infinitif, participe, gérondif) qui ne se conjuguent pas.
Nom commun	Il désigne un être animé ou inanimé : *Une femme, un livre…*
Nom propre	Il désigne personnellement un être ou un groupe animé ou inanimé unique : *Paris, Zoé, les Ligier…*
Nombre	Singulier : *Un jardin, la clé, l'enfant…* ou pluriel : *Des jardins, les clés, les enfants…*
Ordinal (nombre)	Il indique un ordre de classement : *Premier, deuxième, troisième…*
Participe	C'est un mode impersonnel. Il a trois formes : le participe présent qui se termine en -ant (*arrivant, suivant, prenant…*) ; le participe passé simple (*arrivé, suivi, pris…*), le participe passé composé (*étant arrivé, ayant suivi, ayant pris…*)
Passive (forme ou voix)	C'est comme une forme active « renversée » : *Le vent a cassé une branche* → *Une branche a été cassée par le vent.* Le verbe passif se conjugue toujours avec être.
Phrase	• C'est un ensemble de mots ordonnés qui présente une unité de sens. • À l'écrit, la phrase commence par une lettre majuscule et se termine par un point. • La phrase peut avoir un seul mot (*Oui.*), être composée d'une seule proposition indépendante ou comprendre deux ou plusieurs propositions (c'est la « phrase complexe »).
Postériorité	Signifie qu'une action se situe après une autre action.
Préposition	Mot invariable qui sert à mettre en relation deux choses. Par exemple :
....	• nom + préposition + nom *: La voiture **de** mon père. – Une cuillère **à** café…*
....	• nom + préposition + verbe : *Une machine **à** laver. – La chambre **à** coucher…*
....	• verbe + préposition + nom : *Il vient **de** Hongrie. – Il rentre **à** la maison…*
....	• verbe + préposition + verbe : *Il accepte **de** partir. – Il finit **de** dîner…*
Pronom	Il remplace un nom. Il peut être sujet : ***Il** est venu* ; tonique : ***Lui**, il a toujours raison !* ; complément direct : *Je **le** vois* ; ou indirect : *Je **lui** parle* ; Il peut aussi remplacer une phrase : *Tu sais **ce qui est arrivé** ? – Oui, je **le** sais.*

Pronominal (verbe)...........................	Il est précédé d'un pronom personnel réfléchi : **se** lever, **se** dépêcher, **s'**adresser à… Dans les temps composés, le verbe pronominal se conjugue toujours avec être : *Ils se sont dépêchés de rentrer.*
Proposition...................................	Ensemble de mots dont le « noyau » est un verbe. Il y a autant de propositions que de verbes conjugués. Il existe trois sortes de propositions : • la proposition indépendante : *Il est là. – Nous sommes arrivés à six heures.* • la proposition principale qui commande d'autres propositions : ***J'ai vu un film*** *qui est très intéressant. –* ***Rentre vite à la maison*** *avant qu'il commence à pleuvoir.* • la proposition subordonnée qui dépend de la principale. Elle peut être complétive : *Il m'a dit* ***qu'il était venu à deux heures****,* relative : *C'est la maison* ***où il est né****. – J'ai vu un film* ***qui est très intéressant****,* interrogative indirecte : *Il m'a demandé* ***si j'étais content de ma journée****.*
Qualification	On peut qualifier (caractériser) un nom par un adjectif : *Un* ***beau*** *film* ; un complément de nom : *Le cinéma* ***du quartier*** ; une relative : *Le film* ***que j'ai vu hier soir****…*
Quantification.................................	Exprime l'idée de quantité (par exemple avec un nombre : ***25 étudiants*** ; un adverbe : ***beaucoup*** *d'étudiants* ; un adjectif : ***de nombreux*** *étudiants…*).
Réciproque (verbe)	Son sujet est toujours pluriel. A fait l'action sur B et B fait l'action sur A : <—-> *Éric et Patrice* ***se*** *disputent souvent.*
Réfléchi (pronom)............................	Le sujet et l'objet représentent la même chose ou la même personne : ***Elle se*** *maquille. –* ***Nous nous levons*** *tôt demain.*
Semi-auxiliaires...............................	Ils sont suivis de l'infinitif et apportent des informations • sur la manière dont se passent les choses : *Il commence à marcher. – Il va bientôt manger tout seul. – Il vient de rentrer à la maison. – Ils ont fini de travailler.* • sur la possibilité, la volonté, l'obligation : *Vous pouvez m'aider ? – Je dois me coucher tôt. – Je ne veux pas sortir ce soir…*
Simultanéité	Les deux actions se déroulent en même temps : *Il parle en dormant.*
Subjonctif.....................................	C'est un mode personnel. Il exprime le point de vue du locuteur et surtout : • l'ordre : *Je veux que tu viennes tout de suite !* • le désir, le souhait : *Je voudrais que tu me rendes un petit service.* • le doute : *Je ne crois pas qu'il soit vraiment malade.* • le sentiment : *Je suis content que tu viennes.*
Subordonnée (proposition)	Voir *Proposition*.
Superlatif......................................	*Le plus beau, le moins beau, le meilleur, le pire.*
Verbe..	C'est le seul mot qui se conjugue (qui change selon la personne, le nombre, le temps, etc.) Le « nom de famille » du verbe est l'infinitif : aimer - choisir - apprendre - rire - pouvoir, etc.

LES OUTILS GRAMMATICAUX

1 LE GROUPE DU NOM

1 • Devant le nom : les déterminants

Qu'est-ce que c'est ?

Les déterminants donnent une information sur le nom.

Les déterminants sont : les articles, les adjectifs possessifs, les adjectifs démons-tratifs, les adjectifs indéfinis, les adjectifs interrogatifs et les adjectifs exclamatifs.

À quoi ça sert ?

Les déterminants informent sur le genre du nom (masculin ou féminin) et sur le nombre du nom (singulier ou pluriel).

Ils indiquent si le nom est général ou spécifique, s'il a déjà été mentionné, s'il est présent ou absent, s'il y a un lien de possession avec la personne qui parle ou une autre personne.

Comment ça fonctionne ?

Le déterminant est toujours devant le nom.

Il est choisi selon le nombre, le genre, la fonction, la particularité du nom.

Les articles

■ Les articles indéfinis un, une, des

Emplois

• Les articles indéfinis s'utilisent devant les noms de choses ou de personnes en général, qui ne sont pas identifiées.

• Quand une chose ou une personne est présentée pour la première fois, on utilise l'article indéfini. Par la suite, lorsque l'on parle encore de cette personne ou de cette chose, on utilise l'article défini.

> *C'est **une** maison[1] magnifique. Dans **la** maison[2], il y a **une** famille[1]. **La** famille[2] est composée de quatre personnes.*

Formes

> *C'est **un** chien.*

Le nom *chien* est masculin singulier : **un** chien.

> *C'est **une** table.*

Le nom *table* est féminin singulier : **une** table.

> *Ce sont **des** hommes et **des** femmes.*

Le nom *hommes* est masculin pluriel ; le nom *femmes* est féminin pluriel : **des** hommes, **des** femmes. L'article **des** est donc utilisé pour le pluriel au masculin ou au féminin.

Prononciation

- **Un** se prononce [œ̃] : *un sac* [œ̃sɑk].

- Devant une **voyelle** ou un **h**, on fait **une liaison**. [œ̃n] est obligatoire : *un arbre* [œ̃narbr] ; *un homme* [œ̃nɔm].

- **Une** se prononce toujours [yn] : *une ville* [ynvil] ; *une école* [ynekɔl].

- **Des** se prononce [dɛ] : *des poules* [dɛpul].

- Devant une **voyelle** ou un **h** muet, on fait une **liaison** [dɛz] : *des arbres* [dɛzarbr] ; *des écoles* [dɛzekɔl] ; *des hommes* [dɛzɔm].

■ Les articles définis le, la, l', les

Emplois

- Les articles définis sont utilisés pour parler d'une catégorie : l'Homme (l'être humain), la science, le soleil, les femmes (toutes les femmes), etc.

- Ils sont aussi utilisés pour parler de choses ou de personnes bien spécifiques (le livre de Paul, la tour Eiffel, les amis de Thomas) ou que l'on montre (la chaise, là-bas).

- Quand une chose ou une personne est présentée pour la première fois, on utilise l'article indéfini. Par la suite, lorsque l'on parle encore de cette personne ou de cette chose, on utilise l'article défini. → Voir « Il y a », p. 75 et 105.

  C'est un village[1] français. Dans le village[2], il y a une mairie[1], une église[1], une école[1], des magasins[1]. La mairie[2] est magnifique !

Formes

  Le chien s'appelle Bilou.
Le nom *chien* est une nom masculin singulier : **le** chien.

  L'arbre est un chêne.
Le nom *arbre* est masculin singulier mais commence par une **voyelle** : **l'**arbre.

  La table est moderne.
Le nom *table* est féminin singulier : **la** table.

  L'école est grande.
Le nom *école* est féminin singulier mais commence par une **voyelle** : **l'**école.

  Les hommes et les femmes travaillent ensemble.
Le nom *hommes* est masculin pluriel ; le nom *femmes* est féminin pluriel : **les** hommes, **les** femmes.

Prononciation

- **Les** se prononce [lɛ] : *les poules* [lɛpul].

- Devant une **voyelle** ou un **h**, on fait une **liaison** [lɛz] : *les arbres* [lɛzarbr] ; *les écoles* [lɛzekɔl] ; *les hommes* [lɛzɔm].

■ Les articles définis et les noms de pays

Formes

*J'aime beaucoup **la** Pologne.*
Le Chili est un pays magnifique !
*Bientôt, il va visiter **l'**Irlande.*
*Nous voulons traverser **les** Pays-Bas à vélo.*

- En général, les noms de pays qui **se terminent par e** utilisent l'article **la** : **la** Chine, **la** Belgiqu**e**, **la** Grèc**e**, **la** Hongri**e**, **la** Turqui**e**, etc.

- En général, les noms de pays qui se terminent par **une lettre différente de e** utilisent l'article **le** : **le** Chil**i**, **le** Japo**n**, **le** Luxembour**g**, **le** Sénéga**l**, **le** Vénézuel**a**, etc.

- Tous les noms de pays qui commencent par une **voyelle** utilisent l'article **l'** : **l'A**ngola, **l'É**gypte, **l'I**rlande, **l'I**talie, **l'U**ruguay, etc.

- Tous les noms de pays au **pluriel** utilisent l'article **les** : **les** Pays-Bas ; **les** Philippines ; **les** États-Unis, etc.

ATTENTION !

- **Quatre pays** se terminent par **e** et utilisent l'article **le** : le Cambodg**e**, le Mexiqu**e**, le Mozambiqu**e**, le Zaïr**e**.

- **Quelques pays,** souvent des îles, **n'ont pas d'articles : Cuba, Chypre, Haïti, Israël, Malte, Singapour,** etc.

■ Les articles contractés au, à la, à l', aux

Emplois

- Les articles contractés **au, à la, à l', aux,** sont utilisés quand le verbe de la phrase est suivi de la **préposition à** (*aller à, parler à, jouer à,* etc.).

- Les articles contractés **au, à la, à l', aux,** sont aussi utilisés pour compléter un nom :
  *Je veux un pain **au** chocolat et un pain **aux** raisins.*

Formes

> *Aujourd'hui, je vais **au** marché et **à la** banque. Après, je dois aller **à** l'école*
> *pour parler **à** l'instituteur parce que je veux jouer **aux** échecs avec lui.*

Le nom *marché* est **masculin singulier** : **au** marché.
Le nom *banque* est **féminin singulier** : **à la** banque.
Le nom *école* est féminin singulier et **commence par une voyelle** : **à** l'école.
Le nom *instituteur* est masculin singulier et **commence par une voyelle** : **à** l'instituteur
Le nom *échecs* est **pluriel** : **aux** échecs.

Prononciation

- **Au** et **aux** se prononcent [o] : *au cinéma* [osinema], *aux spectacles* [ospɛktakl].
- Quand **aux** est devant une voyelle, on fait une liaison [oz] : *aux échecs* [ozeʃɛk].

■ Les articles contractés du, de la, de l', des

Emplois

- Les articles contractés **du**, **de la**, **de l'**, **des**, sont utilisés quand le verbe de la phrase est suivi de la **préposition de** (*arriver de, parler de, avoir peur de*, etc.).

- Les articles contractés **du**, **de la**, **de l'**, **des**, sont aussi utilisés **pour compléter un nom** :
  > *C'est la femme **du** boulanger avec le mari **de la** concierge.*

Formes

> *Paul arrive **du** Japon. Je crois qu'il va parler **du** pays, **de la** nourriture et*
> ***des** habitants mais pas **du** voyage parce qu'il a peur **de** l'avion.*

Les noms *Japon, pays* et *voyage* sont au **masculin singulier** : **du** Japon ; **du** pays ;
du voyage.
Le nom *nourriture* est **féminin singulier** : **de la** nourriture.
Le nom *avion* est singulier et **commence par une voyelle** : **de** l'avion.
Le nom *habitants* est **pluriel** : **des** habitants.

Prononciation

- Quand **des** est devant une **voyelle**, on fait une liaison [dez] obligatoire : *des États-Unis* [dezetazyni].

Avec les noms de pays, le fonctionnement est un peu spécial.

• **Lieu ou destination** (être, habiter, aller, etc.)
Nom de pays **masculin singulier** : le Portugal, le Japon, le Vénézuela.

> *Je suis au Portugal, j'habite au Japon, je vais au Vénézuela.*

Nom de pays **féminin singulier** : la France, la Chine, la Grèce.

> *Je suis en France, j'habite en Chine, je vais en Grèce.*

Nom de pays commençant par une **voyelle ou h** : l'Italie, l'Écosse, la Hollande.

> *Je suis en Italie, j'habite en Écosse, je vais en Hollande.*

Nom de pays **pluriel** : les Philippines, les États-Unis, les Pays-Bas.

> *Je suis aux Philippines, j'habite aux États-Unis, je vais aux Pays-Bas.*

• **Avec les noms de pays qui n'ont pas d'article**, cela fonctionne comme pour les villes avec **à** : Cuba, Singapour, Madagascar, Israël.

> *Je suis à Cuba, j'habite à Singapour, je vais à Madagascar.*

ATTENTION : *Je vais en Israël.*

• **Provenance, origine** (être de, venir de, arriver de, etc.)
Nom de pays **masculin singulier** : le Canada.

> *Je viens du Canada.*

Nom de pays **féminin singulier** : la Norvège.

> *J'arrive de Norvège.*

Nom de pays commençant par une **voyelle** : l'Argentine.

> *Je viens d'Argentine.*

Nom de pays **pluriel** : les Philippines.

> *Je viens des Philippines.*

• **Avec les noms de pays qui n'ont pas d'article**, cela fonctionne comme pour les villes avec **de** : Cuba, Singapour, Madagascar, Israël.

> *Je viens de Cuba, j'arrive de Singapour. Je viens de Madagascar.*

ATTENTION : *J'arrive d'Israël.*

■ Les articles partitifs du, de la, de l', des

Emplois

• Les articles partitifs sont utilisés quand il y a une **idée de quantité**. Cette quantité n'est pas précisée.

• On utilise également les articles partitifs pour parler de **sentiments** ou de **qualités** chez une personne :

> *Il a du courage et de la patience.*
> *Elle a de l'humour et de l'autorité.*
> *Il ont de la peine.*

Formes

> *À midi, je mange du poulet, de la salade. Je bois de l'eau ou des jus de fruits.*

Le nom *poulet* est **masculin singulier** : **du** poulet.
Le nom *salade* est **féminin singulier** : **de la** salade.
Le nom *eau* est singulier mais **commence par une voyelle** : **de l'**eau.
Le nom *jus de fruits* est **pluriel** : **des** jus de fruits.

Prononciation

- Comme pour l'article indéfini, **des** se prononce [dɛ] : *des jus* [dɛʒy]
- Devant une **voyelle** ou un **h** muet, on fait une **liaison** [dɛz] : *des œufs* [dɛzø] ; *des herbes de Provence* [dɛzɛrbdəprovãs].

<small>ATTENTION !</small>

Quand une quantité est précisée, le mot qui donne cette précision est toujours suivi de « **de** » ou « **d'** » si le nom qui suit commence par une voyelle.

→ Voir Quantité, p. 112

> *Je mange **beaucoup de** poulet et **un peu de** salade. Je bois **un litre d'**eau ou **une bouteille de** jus de fruits. Je **ne** mange **pas de** fromage. Je dépense **peu d'**argent.*

POUR ALLER PLUS LOIN

C'est/Il est

Observez : *C'est un artiste/Il est artiste. C'est un Italien/Elle est italienne.*

C'est est toujours suivi d'un déterminant (article indéfini, défini, etc.) et d'un nom **pour identifier** une personne ou un chose.

Il est est suivi d'un adjectif ou d'un nom de profession ou de nationalité.

Les adjectifs

■ L'adjectif démonstratif

Il est toujours placé avant le nom. Il s'accorde avec le nom qui suit.
> *Je voudrais **ces fleurs**, s'il vous plaît.*

Emplois

Il sert :
– à montrer, à désigner quelqu'un ou quelque chose.

> *Regarde **cette fille**, elle est vraiment superbe !*
> *Je voudrais essayer **ce pantalon** et aussi **cette jupe**, s'il vous plaît.*

– à reprendre un nom dont on a déjà parlé.
> *Il était une fois un roi très puissant. **Ce roi** n'avait pas d'enfant.*

– à indiquer que le moment dont on parle est proche :
> ***Cette semaine**, je travaille tous les jours.* (présent)
> ***Cette semaine**, on va aller au théâtre.* (futur : la semaine qui commence)
> ***Cette semaine**, j'ai travaillé tous les jours !* (passé : la semaine qui se termine)

Forme

	Masculin	Féminin
Singulier	ce/cet	cette
Pluriel	ces	ces

Vous remarquez qu'il y a **deux** formes pour le masculin singulier mais **une seule** pour le féminin singulier.

- **ce** + nom masculin commençant par une consonne :
  Prends ce livre, ce cahier et ce stylo.

- **cet** + nom masculin commençant par une **voyelle** ou un **h muet**. On fait la liaison avec le nom qui suit :
  Vous habitez dans cet immeuble ?
  Vous connaissez cet homme ?

- **cette** + nom féminin singulier :
  Cette jupe noire me plaît beaucoup.
  Cette année, c'est décidé, je pars au Mexique.
  Tu connais cette histoire ?

ATTENTION !
cet et **cette** se prononcent de la même façon.
  Cet ami et *cette amie* = [sɛtami]

Remarque

Pour insister, on ajoute souvent « -là ».
  Il est né en 1930. À cette époque-là, toute sa famille vivait à Brest.
  Je voudrais essayer ce pantalon, s'il vous plaît. Oui, ce pantalon-là, le gris.

■ L'adjectif possessif

Emplois

Il sert à indiquer l'appartenance *(C'est ma voiture)* ou la relation entre deux personnes *(C'est mon frère)* ou entre une personne et une chose.

Formes

Il est toujours placé avant le nom et s'accorde avec ce nom :

*Sur la photo, il y a **ma mère**, **mon frère**, **mes soeurs** et **mon chien Bob**.*

Attention ! Il change aussi selon le possesseur. Observez :
  – *C'est le frère **de Cathie** ?*
  – *Non, **son frère** est beaucoup plus jeune.*
  – *Alors, c'est le frère **de Christine et de Paul** ?*
  – *Non, **leur frère** n'est pas là, il est en voyage.*

  – *Cette voiture verte, elle est à vous, **Monsieur** ?*
  – *Non, **ma voiture** est plus loin.*
  – *Alors, elle est à vous, **Messieurs-dames** ?*
  – *Non, **notre voiture** est noire.*

● *S'il y a un « possesseur » :*

⟋	Un pantalon	Une chemise Une écharpe	Des pulls Des chaussures
J'ai	C'est **mon** pantalon	**ma** chemise, **mon** écharpe	Ce sont **mes** pulls, **mes** chaussures
Tu as	C'est **ton** pantalon	**ta** chemise, **ton** écharpe	Ce sont **tes** pulls, **tes** chaussures
Il a **Elle a**	C'est **son** pantalon	**sa** chemise, **son** écharpe	Ce sont **ses** pulls, **ses** chaussures

Attention ! Si le nom féminin commence par une voyelle ou un h muet *(une amie, une école, une histoire)* : **ma, ta, sa → mon, ton, son**.
  *Voilà **mon école** et devant l'école, c'est **mon amie** Clara.*
  *Il m'a raconté toute **son histoire**, c'est très triste.*

• S'il y a plusieurs « possesseurs » :

 →	Un pantalon Une chemise Une écharpe	Des pulls Des chaussures
Nous avons	C'est **notre** pantalon, **notre** chemise, **notre** écharpe	Ce sont **nos** pulls, **nos** chaussures
Vous avez	C'est **votre** pantalon, **votre** chemise, **votre** écharpe	Ce sont **vos** pulls, **vos** chaussures
Ils ont **Elles ont**	C'est **leur** pantalon, **leur** chemise, **leur** écharpe	Ce sont **leurs** pulls, **leurs** chaussures

*Les enfants, rangez **vos jouets** et vite !*
*– **Tes amis** ont l'air furieux. Pourquoi ?*
*– C'est normal. Ce matin, on a volé tous **leurs bagages** dans **leur voiture**.*

ATTENTION !

• À la prononciation :
Notre fils [nɔtrfis] : le **o** est ouvert → ***nos fils*** [nofis] : le **o** est fermé.

• Aux liaisons obligatoires :

mon ami [mɔ̃nami]   *ton adresse* [tɔ̃nadrɛs]   *son école* [sɔ̃nekɔl]
mes enfants [mɛzɑ̃fɑ̃]   *tes études* [tɛzetyd]   *ses amis* [sɛzami]
nos amis [nozami]   *vos enfants* [vozɑ̃fɑ̃]   *leurs idées* [lœrzide].

• Ne confondez pas : leur, leurs (adjectifs possessifs)
    *– Tu connais **leurs** enfants ? – Je connais **leur** fille mais pas **leur** fils.*

avec **leur** (pronom complément d'objet indirect) :
    *– Tu as écrit **à tes cousins** ? – Oui, je viens de **leur** écrire.*

Remarque :

Pour les parties du corps (la tête, les yeux, les cheveux, les mains, etc.), on n'emploie
pas l'adjectif possessif mais l'article.

    *J'ai mal **au bras***   et non   * *J'ai mal à mon bras.*
    *Elle a **les cheveux longs*** et non   * *Elle a ses cheveux longs.*

■ L'adjectif indéfini

Il est toujours placé avant le nom. Il exprime presque toujours une idée de quantité.

Emplois

- **Idée de quantité zéro** : **ne… aucun, aucune** (= pas un).

  *Je **n'**ai vu **aucun** film de Spielberg, vraiment pas un seul !*

  *Vous **n'**avez **aucune** raison de vous inquiéter : tout va très bien.*

- **Idée de quantité limitée** : **quelques** (un petit nombre).

  *Il est resté seulement **quelques** minutes, il était très pressé.*

  *J'ai seulement **quelques** questions à poser, trois ou quatre, c'est tout.*

Remarque : on rencontre quelquefois **les quelques** quand on veut préciser :

  *J'ai beaucoup aimé **les quelques** jours passés avec vous.*

- **Idée de quantité moins limitée** : **plusieurs** (un certain nombre). Toujours pluriel.

  *J'ai téléphoné chez lui **plusieurs** fois mais il n'est jamais là.*

  *Il a habité à Londres pendant **plusieurs** années.*

ATTENTION ! Jamais d'article devant plusieurs.

- **Idée d'individualité** (on prend les éléments un par un) : **chaque** (toujours singulier et invariable).

  *Une revue hebdomadaire paraît **chaque** semaine, une revue mensuelle paraît **chaque** mois.*

- **Idée de totalité** : **tout, toute, tous, toutes**.

ATTENTION ! Ils sont suivis d'un autre déterminant :

  ■ Article défini
  *Il a attendu **toute la journée**.*
  ***Tous les étudiants** sont inscrits ?*

  ■ Adjectif possessif
  *Il a perdu **tout son argent** au casino.*
  ***Toutes ses amies** sont venues à son anniversaire.*

  ■ Adjectif démonstratif
  *Où vont **tous ces gens** ?*
  *Pourquoi **toute cette agitation** ?*

Prononciation : *tous* se prononce [tu]

Remarque : **Tous** et **toutes** (pluriel) peuvent aussi avoir le même sens que **chaque** (singulier).
Comparez :

  ***Chaque jour**, je me lève à sept heures.*

  ***Tous les jours**, je me lève à sept heures.*

Ces deux phrases ont exactement le même sens. Mais **attention**, on ne peut **jamais** dire :

  **Chaque trois jours, chaque six mois, chaque mille kilomètres…*

On doit dire :

  Tous les trois jours**, **tous les six mois**, **tous les mille kilomètres…

En effet, **chaque** est toujours suivi d'un nom singulier.

- **Idée de ressemblance**, de similitude, d'identité : **même** (masculin et féminin), **mêmes** (masculin et féminin).

  *Tous les élèves de cette classe écoutent **la même musique**, lisent **les mêmes livres**, portent **le même genre** de vêtements, ont **les mêmes idées…***

Vous remarquez que cet adjectif indéfini est précédé d'un déterminant défini.
Au singulier, c'est ce déterminant qui indique le genre.

> *Patricia et moi, nous avons **le même âge** : 22 ans et **la même taille** : 1m72.*

Remarque : Pour insister, on utilise **même** après les pronoms toniques *moi, toi, lui, elle, nous, vous, eux, elles*. N'oubliez pas le tiret : **moi-même**.

> *Personne ne m'a aidé, j'ai tout fait **moi-même**.*
> *C'est **elle-même** qui a répondu au téléphone.*

- **Idée de différence** : **autre(s)**.

Il est précédé d'un déterminant défini ou indéfini :

> *J'ai deux frères : le premier est étudiant, **l'autre** est lycéen.*
> *Tu es fatigué, on peut se voir **un autre jour** si tu préfères.*
> *Il a **d'autres idées** que moi, nous ne sommes jamais d'accord.*

ATTENTION ! Au pluriel, on ne dit pas *des autres mais **d'autres**.

◼ L'adjectif interrogatif et exclamatif

Emplois

- Il est toujours placé avant le nom.

- Il peut exprimer une interrogation :

> *Il fait **quel temps** à New-York ce matin ?*
> ***Quelle note** tu as eu à ton examen ?*
> ***Quels livres** vas-tu lire ?*
> *Tu mets **quelles chaussures** aujourd'hui ?*

- Il peut exprimer une exclamation :

> ***Quel beau temps** !*
> ***Quelle bonne idée** !*

Formes

- On utilise le même mot pour l'interrogation et l'exclamation : **quel, quelle, quels, quelles**.

→ Voir Phrase interrogative, p. 95.
→ Voir Phrase exclamative, p. 98.

2 • Le nom

Qu'est-ce que c'est?

Il existe deux types de noms :

• les noms propres qui désignent quelque chose ou quelqu'un d'unique et qui s'écrivent avec une majuscule : *le Canada, Amsterdam, Hélène, Martin Jensen…*

• les noms communs qui peuvent désigner des êtres animés (un *chat*, un *enfant*), des choses (une *table*, une *orange*), des idées, des sentiments, des actions, des événements (l'*intelligence*, la *peur*, le *départ*, le *travail*).

À quoi ça sert?

Les noms désignent des choses (une *table*), des personnes (un *homme*, *Pierre*), des idées et des concepts (le *temps*, la *lecture*, l'*amour*).

Comment ça fonctionne?

Quand on utilise un nom commun, il faut presque toujours mettre un déterminant avant :

– un article	*Je voudrais **un** livre sur **la** Révolution française.*
– un nombre	*Mes voisins ont **six** filles.*
– un adjectif démonstratif	***Cette** histoire est très intéressante.*
– un adjectif possessif	*C'est **votre** veste, Mademoiselle?*
– un adjectif indéfini	*Je vais au cinéma **chaque** semaine.*
– un adjectif interrogatif	***Quelle** heure est-il?*
– un adjectif exclamatif	***Quelle** bonne idée!*

Le nom propre

• Lorsqu'il désigne **une personne**, il n'y a pas d'article :

> *Laurence, Louis, Martin Jensen.*

• Pour désigner **une famille**, on met l'article défini **les.**

ATTENTION! le nom de famille reste singulier :

> – *Qui vient dîner ce soir?*
> – *Les Torini et les Brun.*

• Pour désigner **la nationalité**, attention! Observez :

> *Dans mon immeuble, il y a deux Italiens, un Suédois, deux Grecs et plusieurs Chinois; il y a aussi un couple irlandais et une étudiante belge.*

Dans cette phrase, les mots *irlandais* et *belge* ne sont pas des noms propres mais des adjectifs. On ne met donc pas de majuscule.

• Lorsqu'il désigne **un lieu**, il y a un article défini, sauf pour les villes :

> – *Vous connaissez **la Hollande**?*
> – *Je connais **Amsterdam**, c'est tout.*
> – *Et **le Danemark**?*
> – *Oui. Je suis allée plusieurs fois à **Copenhague**.*

- **Le genre des noms de pays**

Les noms de pays sont presque tous précédés d'un article défini.

Sont **féminins**, les noms de pays qui se terminent par **-e** : *la Chine, l'Espagne, la France, la Grèce, la Hollande, la Hongrie, l'Indonésie, l'Italie, la Russie…*

ATTENTION ! Exceptions : *le Mexique, le Zaïre, le Cambodge, le Mozambique.*

Les autres sont **masculins** : *le Brésil, le Danemark, le Ghana, le Nigeria, le Pérou, le Portugal, l'Uruguay,* etc.

Remarque : Quelques pays n'ont pas d'article : *Cuba, Chypre, Haïti, Israël, Malte, Singapour.*

Le nom commun

■ Le genre du nom commun : masculin/féminin

Formes

- **Pour les êtres animés** (les personnes et les animaux).

Certains mots ont la même forme au masculin et au féminin ; c'est l'article qui marque la différence :

    Un secrétaire/une secrétaire – un élève/une élève – un artiste/une artiste

Pour d'autres mots, on forme le féminin en ajoutant un **-e** au masculin.

    Un ami/une amie – un employé/une employée – un Espagnol/une Espagnole.

Prononciation

Souvent, la prononciation change. Plusieurs cas :

- On entend la consonne finale au féminin :
      Un étudiant/une étudiante (+ [t])
      Un marchand/une marchande (+ [d])
      Un boulanger/une boulangère (+ [r])
      Un Chinois/une Chinoise (+ [z]).

- Souvent, on double la consonne :
      Un chat/une chatte.

- La nasale se transforme en voyelle + n :
      Mon cousin [kuzɛ̃]*/ma cousine* [kuzin].
      Un Américain [amerikɛ̃]*/une Américaine* [ameriken].
      Un Breton [brətɔ̃]*/une Bretonne* [brətɔn].

- Le masculin et le féminin sont totalement différents, ou bien c'est leur terminaison qui change :
      Un homme/une femme – l'oncle/la tante – un garçon/une fille
      Un vendeur/une vendeuse – un chanteur/une chanteuse
      Un acteur/une actrice – un directeur/une directrice
      Le maître/la maîtresse – un tigre/une tigresse.

ATTENTION !

Quelques noms n'ont pas de féminin :
    Un chef, un médecin, un témoin…

Et d'autres n'ont pas de masculin :
    Une personne, une victime, une star…

- **Pour les êtres inanimés** (les choses, les idées, les sentiments, les événements, les actions…), il n'y a pas de règle, c'est l'article qui indique le genre :

> *Dans ma chambre, il y a **une** chaise, **un** fauteuil, **une** table, **un** lit, **une** armoire…*
>
> *Le soleil a rendez-vous avec **la** lune.*

Mais heureusement, quelquefois, la terminaison du nom peut vous aider :

- Sont presque toujours masculins les noms terminés par :

> **-age** : *le fromage, le paysage, le voyage.*

ATTENTION ! **La** page, **la** plage, **l'**image.

> **-al** : *le journal, l'animal, l'hôpital*
>
> **-ier** : *le pommier, le poirier, le pâtissier*
>
> **-isme** : *le socialisme, le libéralisme, le nationalisme*
>
> **-ment** : *l'appartement, le département, le gouvernement*
>
> **-oir** : *le couloir, le lavoir.*

- Sont presque toujours féminins les noms terminés par :

> **-ance** et **-ence** : *la confiance, l'intelligence, la patience.*

ATTENTION ! **Le** silence.

> **-ée** : *la pensée, l'arrivée, la destinée.*

ATTENTION ! **Le** lycée, **le** musée.

> **-eur** : *la chaleur, la fleur, la peur.*

ATTENTION ! **Le** bonheur, **le** malheur.

> **-ie** : *la philosophie, la psychologie, l'économie.*
>
> **-ion, -sion, -tion, -xion** : *l'opinion, la passion, la nation, la réflexion.*
>
> **-té** : *la beauté, la fidélité, la nécessité.*
>
> **-ure** : *la nature, la peinture, la fermeture.*

Remarque

Certains noms s'écrivent et se prononcent de la même façon mais leur sens change selon le genre.

Par exemple :

> *Il lit **un livre**/il achète **une livre** de beurre (un demi kilo).*
>
> *Le **mode** indicatif/c'est la **mode** des cheveux courts.*
>
> *Le **poste** de télévision/je vais à la **poste** centrale.*
>
> *Le **tour** de France/la **tour** Eiffel.*

■ Le nombre du nom commun : singulier/pluriel

Formes

En général, on forme le pluriel des noms (animés et inanimés) en ajoutant un **-s** au singulier.

> *Un enfant, des enfants – une fille, des filles – un ami, des amis.*

ATTENTION ! Le **-s** final ne se prononce pas.

Mais il y a beaucoup de cas particuliers :

- Si le nom finit par **-s**, **-x** ou **-z**, pas de changement :
> *Un pays, des pays – une voix, des voix – un nez, des nez.*

- Si le nom finit en **-eau** et (avec des exceptions) **-eu**, on met un **-x** au pluriel :
> *Un bateau, des bateaux/un gâteau, des gâteaux/un cheveu, des cheveux.*

- Si le nom finit en **-al**, le pluriel est en **-aux**
> *Un journal, des journaux/un cheval, des chevaux.*

ATTENTION ! *des festivals, des carnavals.*

- Certains noms en **-ail** font le pluriel en **-aux** :
> *Le travail, les travaux.*

- Certains noms en **-ou** font le pluriel en **-oux** :
> *Un bijou, des bijoux.*

Remarque : certains noms ont un singulier et un pluriel différents. Par exemple :
> *Un œil/des yeux.*

ATTENTION !

Pluriel de *madame = mesdames*
Pluriel de *monsieur = messieurs*

■ Un cas particulier : les noms composés

Certains noms sont composés de deux éléments, ou même de trois.
Ils peuvent être reliés par un trait d'union, comme dans *le grand-père, la grand-mère*, mais pas toujours.

Formes

- **Deux noms** ou **un adjectif et un nom** ou **un verbe et un nom** :
> *Faire un tour en bateau-mouche.*
> *Un grand-père, une grand-mère, une jeune fille.*
> *Un tire-bouchon, un essuie-glace.*

- **Nom + de + nom** :
> *Un rez-de-chaussée, des pommes de terre, un emploi du temps, une salle de bains, le chemin de fer.*

- **Nom + à + verbe** : *une salle à manger, une machine à laver.*

→ Voir Préposition à, p. 80

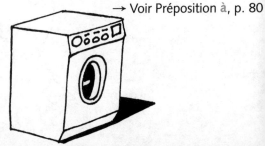

3 • Ce qui complète le nom

Qu'est-ce que c'est ?

Comme nous l'avons vu, le groupe nominal comprend un déterminant, un nom et, très souvent,

– un ou plusieurs adjectifs :

*Mon frère a acheté une **immense** voiture **rose**.*

– ou un complément de nom :

*Cette voiture rose, c'est la voiture **de ses rêves**.*

– ou encore une proposition relative :

*C'est une voiture **qui étonne tout le monde**.*

À quoi ça sert ?

Ces éléments sont utilisés pour donner une précision sur le nom.

Comment ça fonctionne ?

Cela dépend de l'élément utilisé pour préciser le nom.

L'adjectif qualificatif

Comme son nom l'indique, il sert à qualifier, à caractériser, à décrire quelque chose ou quelqu'un.

*Il a deux filles/Il a deux jolies petites filles très **amusantes**.*

Il s'accorde avec le nom.

*Elle porte **une jupe bleue**, **un pull noir** et **des chaussures blanches**.*

■ Le genre de l'adjectif : masculin/féminin

Il y a plusieurs cas :

- Même prononciation, même orthographe pour le masculin et le féminin quand le masculin se termine par **-e** *(jeune, sympathique, drôle, calme, tranquille, jaune, rouge, rose, classique, moderne…)*.
    - *– Mon fils est un garçon très **calme**.*
    - *– Et Natacha ?*
    - *– Elle aussi, elle est très **calme**.*

- Même prononciation pour le masculin et le féminin mais orthographe différente : on ajoute un **-e** pour le féminin *(seul(e), joli(e), dur(e), meilleur(e), noir(e), national(e), général(e)…)*.
    - *– Il était **seul** au monde, elle aussi était **seule**.*
    - *– Et alors ?*
    - *– Alors, ils se sont rencontrés.*
    - *– Et alors ?*
    - *– Eh bien, ils ne sont plus **seuls**.*

ATTENTION à l'orthographe de certains adjectifs :
- masculin en **-el**, féminin en **-elle** : *traditionnel, traditionnelle.*
- masculin en **-er** [r], féminin en **-ère** : *cher, chère.*
- masculin en **-c**, féminin en **-que** : *public, publique - grec, grecque - turc, turque.*

• Prononciation et orthographe différentes pour le masculin et le féminin.

MASCULIN	FÉMININ
– terminé en **-t**,	– terminé en **-te**
Un homme petit [pəti]	*Une femme petite* [pətit]
– terminé en **-d**,	– terminé en **-de**
Il est grand [grã]	*Elle est grande* [grãd]
– terminé en **-(i)er**	– terminé en **-(i)ère**
Un étudiant étranger [etrãʒe]	*Une étudiante étrangère* [etrãʒɛr]
Le dernier moment [dɛrnje]	*La dernière minute* [dɛrnjɛr]
– terminé en **-et**	– terminé en **-ète**
Un train complet [kɔ̃plɛ],	*Une salle complète* [kɔ̃plɛt]

ATTENTION ! Remarquez bien l'accent sur le -e dans premiè**re**, derniè**re**, étrangè**re**, complè**te**, inquiè**te**.

MASCULIN	FÉMININ
– terminé en **-f**	– terminé en **-ve**
Un livre neuf	*Une veste neuve*
Un homme sportif	*Une femme sportive*
– terminé en **-s**,	– terminé en **-se**
Un film japonais [ʒaponɛ]	*Une ville japonaise* [ʒaponɛz]
Un manteau gris [gri]	*Une robe grise* [griz]
– terminé en **-s**,	– terminé en **-sse**
Il est gros [gro]	*Elle est grosse* [gros]
– terminé en **-ain**	– terminé en **-aine**
Mon sac est plein [plɛ̃]	*La salle de cours est pleine* [plɛn]
– terminé en **-eur**	– terminé en **-euse**
Il est travailleur [travajœr]	*Elle est travailleuse* [travajøz]

ATTENTION ! Il y a des exceptions : meilleur/meilleure - inférieur/inférieure - supérieur/supérieure - intérieur/intérieure - extérieur/extérieure.

MASCULIN	FÉMININ
– terminé en **-eux**	– terminé en **-euse**
Il est heureux [ørø]	*Elle est heureuse* [ørøz]
– terminé en **-(i)en**	– terminé en **-(i)enne**
Un pays européen [øropeɛ̃]	*La communauté européenne* [øropeɛn]
Un film indien [ɛ̃djɛ̃]	*Une actrice indienne* [ɛ̃djɛn]
– terminé en **-on**	– terminé en **-onne**
Le thé est très bon [bɔ̃]	*La bière belge est très bonne* [bɔn]
– terminé en **-un**	– terminé en **-une**
Pierre est brun [brœ̃]	*Patricia est brune* [bryn]

ATTENTION aux adjectifs suivants :

MASCULIN	FÉMININ
– terminé en **-c**	– terminé en **-che**
Un chat blanc [blã]	*Une chatte blanche* [blãʃ]
– terminé en **-ou**	– terminé en **-olle**
Il est fou [fu]	*Elle est folle* [fɔl]

ATTENTION à trois adjectifs particuliers : **beau**, **nouveau** et **vieux**. Il ont deux formes pour le masculin singulier.

Si le nom masculin qui suit commence par une voyelle ou par un h muet :

beau → **bel**
nouveau → **nouvel**
vieux → **vieil**

Un beau tableau, un beau temps   mais *un bel enfant, un bel homme*
Un nouveau chemin, un nouveau jeu   mais *un nouvel avion*
Un vieux chapeau, un vieux chien   mais *un vieil arbre, un vieil homme.*

Le nombre de l'adjectif : singulier/pluriel

En général, pour former le pluriel de l'adjectif, c'est comme pour le nom : on ajoute un **-s** au singulier :

Un enfant petit, brun et gentil → *des enfants petits, bruns et gentils.*
Une maison grande et belle → *des maisons grandes et belles.*

Rappel : Le **-s** final ne se prononce pas.

Trois cas particuliers

– Singulier en **-al** → pluriel en **-aux** :
Un problème international → *des problèmes internationaux*

– Singulier en **-eau** → pluriel en **-eaux** :
Un film nouveau → *des films nouveaux*

– Singulier en **-s** ou en **-x** → pluriel en **-s** ou en **-x** :
Un ami japonais → *des amis japonais*
Il est heureux → *ils sont heureux.*

La place de l'adjectif

• Le plus souvent, l'adjectif est placé après le nom :
Une histoire merveilleuse, une voiture rapide, un enfant heureux...

C'est toujours le cas si l'adjectif exprime :
– la couleur : *une veste **noire**, des chaussures **vertes***
– la forme : *une table **ronde**, une table **rectangulaire***
– la nationalité : *un opéra **italien**, un roman **allemand***

ou si c'est un participe passé employé comme adjectif :
*un air **étonné**, un air **surpris** – un élève **intéressé**.*

• D'autres se mettent avant le nom.

Les adjectifs placés avant le nom sont courts et très souvent utilisés : ***beau, bon, jeune, grand, gros, petit, jeune, vieux...***

*Un **beau** tableau – un **grand** film – une **jeune** étudiante – une **grosse** tempête.*

ATTENTION, au pluriel, l'article **des** devient **de** quand l'adjectif est placé avant le nom :
*Dans ce musée, il y a **de** très beaux tableaux accrochés dans **de** grandes salles très claires.*

• D'autres encore peuvent se mettre avant ou après le nom :
Une maison magnifique/une magnifique maison.

ATTENTION, dans ce cas-là, le sens change quelquefois. Observez par exemple :
*Un **grand** homme (célèbre)/un homme **grand** (de grande taille).*
*Un **seul** élève (unique)/un élève **seul** (sans ami).*
*C'est sa **propre** veste (elle est à lui)/c'est sa veste **propre** (pas sale).*

■ La construction de l'adjectif

L'adjectif peut se construire avec :

- **à** ou **de** + **nom**

  *Je suis opposé **à cette idée** !*
  *Elle est fidèle **à ses vieux amis**.*
  *Il est content **de son voyage**.*
  *Il a été surpris **du résultat à l'examen**.*

- **à** ou **de** + **infinitif**

  *Vous êtes prêts **à partir** ?*
  *Je suis heureux **de vous connaître**.*
  *C'est facile **à dire** mais difficile **à faire** !*

Le complément du nom

Le nom est souvent complété par une préposition (le plus souvent **de** ou **à**) et un autre nom.

- Le complément de nom introduit par **de** peut exprimer :
- – la matière :   *une robe **de laine**, un foulard **de soie**...*
- – le contenu :   *une tasse **de café**, un sac **de pommes de terre**...*
- – la quantité :   *un kilo **de tomates**, un litre **d'huile**...*
- – la mesure, la durée : *un week-end **de trois jours**, un film **de trois heures**...*
- – la possession :   *la voiture **des Lenoir**, le sac **de ma sœur**...*
- – la relation :   *un tableau **de Van Gogh**, le fils **des voisins**...*

- Le complément de nom introduit par **à** peut exprimer :
- – l'usage :   *une tasse **à café**, une machine **à laver**...*
- – la caractéristique : *une planche **à voile**...*

La proposition relative

La proposition relative permet d'apporter des informations, des précisions. Elle caractérise (qualifie) le nom.

Comparez

    Le cinéma est fermé.
    *Le cinéma **qui se trouve rue Saint-Jacques** est fermé.*
    *Le cinéma **que j'aimais tant** est fermé.*
    *Le cinéma **où nous sommes allés la semaine dernière** est fermé.*
    *Le cinéma **dont je vous ai souvent parlé** est fermé.*

→ Voir Pronoms relatifs, p. 50, 51

4 • Ce qui remplace le nom : les pronoms

Qu'est-ce que c'est ?

Un pronom est un mot qui remplace un nom.

À quoi ça sert ?

Les pronoms sont utilisés pour éviter la répétition.

Comment ça fonctionne ?

La forme et la place du pronom sont variées et complexes.
Il est choisi selon le nombre, le genre, la fonction, la particularité du nom qu'il remplace.

Les pronoms personnels sujets

Emplois

• Les pronoms personnels sujets désignent la ou les personnes **sujet(s)** du verbe.

Formes

> *Je m'appelle Maxime.*
> *Je m'appelle Marie.*

• **Je** désigne **une personne qui parle d'elle même**. Ce pronom est utilisé pour le masculin comme pour le féminin.

ATTENTION ! Quand **je** est précédé d'un verbe commençant par une **voyelle** ou un **h**, il devient **j'**.
> *J'aime la musique. J'habite à Paris.*

> *Nous sommes français.*

• **Nous** désigne **une personne qui parle d'elle-même et d'une ou de plusieurs autres personnes** (je + quelqu'un d'autre). Ce pronom est utilisé pour le masculin comme pour le féminin.

> *On travaille à Lyon. (= Nous travaillons à Lyon.)*

• **On** est souvent utilisé à la place de **nous**, notamment à l'oral. (**Attention** : avec l'utilisation de **on**, le verbe est à la troisième personne du singulier).

> *On a volé ma voiture ! (= Quelqu'un a volé ma voiture.)*

• **On** est aussi utilisé pour parler d'une ou de plusieurs personnes dont on ne connaît pas l'identité.

> *Tu es étudiant ?*

• **Tu** désigne **une personne à qui on parle**. Cette personne peut être un homme ou une femme. Ce pronom peut être utilisé si nous connaissons bien cette personne (un ami, une amie, une personne de la famille, un enfant).

> *Vous parlez français ?*

• **Vous** désigne **une personne à qui on parle**. Cette personne peut être un homme ou une femme. Ce pronom doit être utilisé si nous ne connaissons pas bien cette personne. **C'est la forme de politesse.**

Vous êtes professeurs?

- **Vous** désigne **des personnes à qui on parle**. Ces personnes peuvent être des hommes ou des femmes.

Il travaille à Paris.

- **Il** désigne **une personne de qui on parle**. C'est un **homme**.

Ils aiment le chocolat.

- **Ils** désigne **des personnes de qui on parle**. Dans ce groupe de personnes, il y a, au moins, un homme.

Elle habite à Lyon.

- **Elle** désigne **une personne de qui on parle**. C'est une **femme**.

Elles écoutent la radio.

- **Elles** désigne **des personnes de qui on parle**. Dans ce groupe de personnes, il y a seulement **des femmes**.

	Singulier	Pluriel
1re	Je	Nous/On
2^e	Tu	Vous
	Vous (politesse)	Vous
3^e	Il /On	Ils
	Elle	Elles

Prononciation

- **Nous, vous,** se prononcent [nu] et [vu] devant une consonne :
  Nous parlons [nuparlɔ̃]; *vous parlez* [vuparle]

- Quand **nous** et **vous** sont suivis d'un mot commençant par une **voyelle** ou un **h** muet, on fait une **liaison** :
  Nous écoutons [nuzekutɔ̃], *vous aimez* [vuzeme]

- **Ils, elles,** se prononcent [il] et [ɛl] devant une consonne :
  Ils parlent [ilparl]; *elles parlent* [ɛlparl]

- Quand **ils** et **elles** sont suivis d'un mot commençant par une **voyelle** ou un **h** muet, on fait une **liaison** :
  Ils habitent [ilzabit], *elles ont* [ɛlzɔ̃]

Les pronoms toniques

Emplois

Moi, je suis français. Et vous?
Nous, nous sommes libanais.

- Le pronom tonique est utilisé **pour renforcer** le sujet du verbe. Il peut également **résumer** une phrase entière *(Et vous? = Quelle est votre nationalité?)*.

Tu vas chez tes amis?
Non, je ne vais pas chez eux, je vais chez mes parents.

- Le pronom tonique est aussi utilisé **après les prépositions** (*à, de, par, pour, chez, avec,* etc.).

*Qui est là ? C'est **moi** !*

- Le pronom tonique est également utilisé après **c'est.**

  *Tu as **plus** de travail **que lui**.*

- Dans la **comparaison**, il est possible d'utiliser le pronom tonique après **que**.

ATTENTION !

- Quand **le sujet est indéterminé** (*on, tout le monde, chacun, certains*, etc.), il faut utiliser le pronom tonique soi.

  *Chacun chez **soi** !*

Formes

	Singulier	Pluriel
1re personne	Moi	Nous
2e personne	Toi	Vous
2e personne de politesse	Vous	Vous
3e personne masculin	Lui	Eux
3e personne féminin	Elle	Elles
Sujet indéterminé	Soi	Soi

Prononciation

- **Moi, toi, soi,** se prononcent [mwa], [twa], [swa] ; pour moi [puʁmwa] ; pour toi [puʁtwa] ; pour soi [puʁswa].
- **Nous, vous,** se prononcent toujours [nu] et [vu] : chez nous [ʃenu] ; chez vous [ʃevu].
- **Lui** se prononce [lɥi] : c'est à lui [sɛtalɥi].
- **Eux** se prononce [ø] : il parle avec eux [ilpaʁlavɛkø].
- **Elle et elles** se prononcent de la même façon [ɛl] : elle aussi [ɛlosi] ; j'habite avec elles [ʒabitavɛkɛl].

Les pronoms des verbes pronominaux

Emplois

  Le matin, je me lève, je me lave et je m'habille.

Certains pronoms personnels sont utilisés **avec les verbes pronominaux** (*se lever, se laver, s'habiller,* etc.).

Formes

Dans ce cas, le pronom correspond à la **même personne que le sujet du verbe**.

Singulier	Pluriel
*Je **me** lave.* [ʒəməlav]	*Nous **nous** lavons* [nunulavɔ̃] *On **se** lave* [ɔ̃səlav]
*Tu **te** laves* [tytəlav] *Vous **vous** lavez* (**politesse**) [vuvulave]	*Vous **vous** lavez* [vuvulave]
*Il **se** lave* [ilsəlav]	*Ils **se** lavent* [ilsəlav]
*Elle **se** lave* [ɛlsəlav]	*Elles **se** lavent* [ɛlsəlav]

- Quand le verbe commence par une **voyelle** ou un **h** muet, les pronoms **me, te,** et **se** deviennent **m', t', s'**.

    Je m'intéresse à l'art asiatique. [ʒəmɛ̃teresalarazjatik]
    Tu t'habilles rapidement, le matin ? [tytabij]
    Les enfants s'adorent. [lezɑ̃fɑ̃sadɔr]

- Quand le verbe pronominal est à **l'impératif à la forme affirmative**, les pronoms se placent **après** le verbe.

    Lève-toi ! (**Attention** : le pronom **te** devient **toi**) [lɛvtwa]
    Promenons-nous ! [prɔmənɔ̃nu]
    Dépêchez-vous ! [depeʃevu]

Les pronoms compléments

■ Le pronom COD (complément d'objet direct)

Vous regardez la télévision ? Oui, je la regarde souvent.

Emplois

- Lorsqu'un nom est COD, on peut remplacer ce nom par un pronom appelé **pronom COD**.

- Pour trouver un COD, on pose la question **QUI ?** ou **QUOI ?** après le verbe :
    Vous regardez la télévision.
    Vous regardez quoi ? La télévision (COD).

- Le pronom COD est choisi en fonction du genre (masculin ou féminin) et du nombre (singulier ou pluriel) de ce nom :
La télévision est un nom féminin singulier, le pronom COD correspondant est **la**.

- Les pronoms COD remplacent des noms **de personnes** ou **de choses**.

Formes

	Singulier	Pluriel
1ʳᵉ personne	*Tu m'écoutes ?* *me, m'*	*Vous nous écoutez ?* *nous*
2ᵉ personne	*Oui, je t'écoute.* *te, t'*	*Nous vous écoutons.* *vous*
2ᵉ personne de politesse	*Je vous prie de patienter.* *vous*	
3ᵉ personne masculin (*personne ou chose*)	*Tu lis le journal ?* *Oui, je le lis tous les soirs.* *le, l'*	*Tu entends les enfants ?* *Oui, je les entends jouer.* *les*
3ᵉ personne féminin (*personne ou chose*)	*Vous écoutez la radio ?* *Oui, nous l'écoutons* *tous les matins.* *la, l'*	*Il a lavé les assiettes ?* *Non, il va les laver* *à son retour.* *les*

ATTENTION !

- Souvent, avec les verbes qui expriment les goûts (*aimer, adorer, détester,* etc.), on ne peut pas utiliser les pronoms COD *habituels* pour des choses :

  *J'aime **la soupe** ! ~~Je l'aime !~~ J'aime ça !*

- Le pronom COD est souvent utilisé quand le nom est précédé d'un article défini, d'un adjectif possessif ou d'un adjectif démonstratif.

- Contrairement aux pronoms personnels des verbes pronominaux, le pronom personnel COD **doit être différent** du sujet.

  Je <u>me</u> regarde dans le miroir (me = pronom réfléchi).
  Il <u>me</u> regarde par la fenêtre (me = pronom COD).

- Quand le verbe commence par une **voyelle** ou un **h** muet, les pronoms **me**, **te**, **le** et **la** deviennent **m'**, **t'**, **l'**.

  *Il **m'**écoute.* [ilmekut]
  *Nous **t'**entendons.* [nutãtãdɔ̃]
  *Les enfants **l'**adorent.* [lɛzãfãladɔr] (**l'** = pour **le** ou **la**)

Place des pronoms COD dans la phrase

- Avec <u>un temps simple</u> (par exemple : présent, futur simple, imparfait, etc.), le **pronom COD se place devant le verbe**.

  *Ils écoutent la radio ? Oui, ils **l'**<u>écoutent</u> depuis une heure.*
  *Tu liras le journal ? Oui, je **le** <u>lirai</u> tout à l'heure.*
  *Nous prendrons le train ? Oui, nous **le** <u>prendrons</u> à la gare Montparnasse.*
  *Elle regardait les bateaux ? Oui, elle **les** <u>regardait</u> partir.*

- Avec <u>un temps composé</u> (par exemple : passé composé, plus-que-parfait, etc.), **le pronom COD se place devant l'auxiliaire**.

  *Ils ont écouté la radio ?   Oui, ils **l'**<u>ont écoutée</u>.*
  *   Non, il ne **l'**<u>ont</u> pas <u>écoutée</u>.*
  *Tu as lu le journal ?   Oui, je **l'**<u>ai lu</u>.*
  *   Non, je ne **l'**<u>ai</u> pas <u>lu</u>.*

ATTENTION ! Quand ces temps composés utilisent **l'auxiliaire avoir** :

Si le pronom COD est placé avant l'auxiliaire, on accorde le participe passé avec ce pronom :

  *Ils ont écouté **la radio** ? Oui, ils l'ont écoutée.*
  *Elle avait regardé **les bateaux** : elle les avait regardés.*   → Voir Passé composé p. 58.

- <u>Avec deux verbes</u> (*aller* + infinitif, *vouloir* + infinitif, *pouvoir* + infinitif, etc.), **le pronom personnel COD se place devant l'infinitif**.

  *Tu vas voir la mer ? Oui, je vais **la** <u>voir</u>.*
  *   Non, je ne vais pas **la** <u>voir</u>.*
  *Il veut manger le gâteau ? Oui, il veut **le** <u>manger</u>.*
  *   Non, il ne veut pas **le** <u>manger</u>.*
  *Nous pouvons regarder les tableaux ? Oui, vous pouvez **les** <u>regarder</u>.*
  *   Non, vous ne pouvez pas **les** <u>regarder</u>.*

- Avec <u>l'impératif</u> à la **forme affirmative**, le pronom personnel COD se place **après le verbe** :

  *Je peux regarder la télévision ? Oui, <u>regarde</u>-**la** !*

ATTENTION ! Le pronom **me** devient **moi** : *S'il vous plaît, <u>attendez</u>-**moi** !*

- Avec <u>l'impératif</u> à la **forme négative**, le pronom COD se place **avant le verbe** :

  *Je peux regarder la télévision ? Non, ne **la** <u>regarde</u> pas !*
  *S'il vous plaît, ne **me** <u>regardez</u> pas !*

COMPLÉMENT D'INFORMATION

Pour plus d'informations sur les COD :
Voir La construction du verbe, p. 77.

■ Le pronom COI (complément d'objet indirect)

Vous téléphonez souvent à votre ami ? Oui, je lui téléphone souvent.

Emplois

- Lorsqu'un nom est COI, on peut remplacer ce nom par un pronom appelé **pronom COI**.

- Pour trouver un COI, on pose la question **À QUI ? après le verbe** :
  Vous téléphonez à votre ami.
  Vous téléphonez à qui ? À votre ami (COI).

- Les pronoms COI remplacent **uniquement des personnes**. Les verbes concernés par ces pronoms sont essentiellement des **verbes de communication** (*parler à quelqu'un, écrire à quelqu'un, téléphoner à quelqu'un*, etc.).

Formes

	Singulier	Pluriel
1re personne	*Il ne **m'**a pas téléphoné hier, j'espère qu'il **me** téléphonera demain.* me, m'	*Il **nous** a parlé de toi.* nous
2e personne	*Je **te** laisse les clés de mon appartement.* te, t'	*Il **vous** souhaite bonne chance !* vous
2e personne de politesse	*Elles **vous** passent le bonjour.* vous	
3e personne masculin (*personne uniquement*)	*– Qu'est-ce qu'ils racontent à **Maxime** ?* *– Ils **lui** racontent des histoires.* lui	*Qu'est-ce qu'elle raconte à **ses enfants** ? Elle **leur** raconte des histoires.* leur
3e personne féminin (*personne uniquement*)	*– Qu'est-ce que nous dirons à **Laurence** ?* *– Vous **lui** direz la vérité.* lui	*– Qu'est-ce que vous direz à **vos filles** ? – Je **leur** dirai de faire attention.* leur

ATTENTION !

– Contrairement aux pronoms des verbes pronominaux, le pronom COI **doit être différent** du sujet.

*Pierre et moi, nous **nous** parlons souvent au téléphone.* (nous = pronom réciproque)

*Il **nous** parle par la fenêtre.* (nous = pronom COI)

– Quand le verbe commence par une **voyelle** ou un **h** muet, les pronoms **me** et **te** deviennent **m'**, **t'**.

> *Vous **m'**écrivez trop souvent.* [vumekrivetrosuvã]
> *Il **t'**écrit tous les jours.* [iltekritulɛʒur]

Place des pronoms COI dans la phrase.

- Avec <u>un temps simple</u> (par exemple : présent, futur simple, imparfait etc.), **le pronom COI se place devant le verbe**.

> *Ils écrivent **à leurs parents**? Oui, ils **leur** <u>écrivent</u> régulièrement.*
> *Tu téléphoneras **à ta mère**? Oui, je **lui** <u>téléphonerai</u>, c'est promis!*
> *Vous offrez des fleurs **à Paula**? Non, nous **lui** <u>offrons</u> du chocolat.*

- Avec <u>un temps composé</u> (par exemple : passé composé, plus-que-parfait, etc.), **le pronom COI se place devant l'auxiliaire**.

> *Ils ont écrit **à leurs parents**? Oui, ils **leur** <u>ont écrit</u>.*
> *Non, il ne **leur** <u>ont</u> pas <u>écrit</u>.*
>
> *Tu as téléphoné **à ta mère**? Oui, je **lui** <u>ai téléphoné</u>.*
> *Non, je ne **lui** <u>ai</u> pas <u>téléphoné</u>.*
>
> *Elle avait communiqué les résultats **à Philippe**?*
> *Oui, elle **lui** <u>avait communiqué</u> les résultats.*
> *Non, elle ne **lui** <u>avait</u> pas <u>communiqué</u> les résultats.*

ATTENTION! Il n'y a **jamais** d'accord entre COI et participe passé.

- <u>Avec deux verbes</u> (aller + infinitif, vouloir + infinitif, pouvoir + infinitif, etc.), **le pronom COI se place devant l'infinitif**.

> *Tu vas écrire **à ta mère**? Oui, je vais **lui** <u>écrire</u>.*
> > *Non, je ne vais pas **lui** <u>écrire</u>.*
>
> *Il veut téléphoner **à ses clients**? Oui, il veut **leur** <u>téléphoner</u>.*
> > *Non, il ne veut pas **leur** <u>téléphoner</u>.*
>
> *Nous pouvons donner un bonbon*   *Oui, vous pouvez **lui** <u>donner</u> un bonbon.*
> ***au chien**?*   *Non, vous ne pouvez pas **lui** <u>donner</u> de bonbon.*

- Avec <u>l'impératif</u> à la **forme affirmative**, le pronom COI se place **après le verbe** :

> *Je peux téléphoner **au boulanger**? Oui, <u>téléphone</u>-**lui**!*

ATTENTION! Le pronom **me** devient **moi** : *S'il vous plaît, <u>écrivez</u>-**moi**!*

- Avec <u>l'impératif</u> à la **forme négative**, le pronom COI se place **avant le verbe** :

> *Je peux téléphoner **au boulanger**? Non, ne **lui** <u>téléphone</u> pas!*
> *S'il vous plaît, ne **me** <u>téléphonez</u> pas!*

COMPLÉMENT D'INFORMATION

Pour plus d'informations sur les COI :
Voir La construction du verbe, p. 77.

■ Le pronom en

*Vous avez **des amis**? Oui, j'**en** ai beaucoup.*

Emplois

1. Quantité

- Le pronom en remplace un nom (masculin ou féminin, singulier ou pluriel) quand ce nom est accompagné de l'idée de quantité.
- Quand il y a une idée de quantité, le pronom peut remplacer **des personnes** ou **des choses.**
- Cette idée de quantité peut être représentée par un article partitif qui ne donne pas de précision :

    *Tu as **du chocolat**? Oui, j'**en** ai.*
    *Elle mange **de la soupe**? Oui, elle **en** mange.*
    *Vous ajoutez **des herbes de Provence**? Oui, nous **en** ajoutons.*

- Si la quantité est précisée, il faut placer cette **précision après le verbe** :

    *Vous avez **des amis**? Oui, j'**en** ai <u>beaucoup</u>.*
    *Tu as <u>un</u> livre de grammaire? Oui, j'**en** ai <u>un</u>.*
    *Elle a **des frères**? Oui, elle **en** a <u>quatre</u>.*

ATTENTION ! Avec la négation, on ne répète pas la quantité.

    Il y a un parc? Non, il n'y en a pas.

2. Verbe + *de*

- Le pronom en est utilisé pour remplacer un nom quand ce nom est introduit par <u>un verbe suivi de la préposition de</u>.

    *Elle <u>parle de</u> **ses vacances**? Oui, elle **en** parle tout le temps.*

- En principe, dans ce cas, le pronom en remplace uniquement **des choses.**

    *Elle <u>fait du</u> **ski**? Oui, elle **en** fait chaque hiver.*

- Le pronom en peut remplacer un **lieu** quand il est utilisé avec un verbe qui signifie la **provenance**, l'origine.

    *Pardon Madame, vous savez où se trouve la poste? Oui, j'**en** viens. C'est là-bas.*

    Je viens de **la poste.**

Formes

- Le pronom en est invariable.

ATTENTION !

- Si le nom représente des **personnes**, on n'utilise pas en mais un **pronom tonique.**

    *Elle <u>parle de</u> **ses amis**? Oui, elle parle d'eux.*

- Toutefois, cette règle n'est pas toujours respectée. Vous pourrez donc entendre :

    *Elle <u>parle de</u> **ses amis**? Oui, elle **en** parle.*

Prononciation

- Avec **nous, vous, ils** et **elles, une liaison** [z] est **obligatoire** :

    Nous en avons. [nuzãnavɔ̃]
    Vous en ajoutez. [vuzãnaʒute]
    Ils en mangent. [ilzãmãʒ]
    Elles en écoutent. [ɛlzãnekut]

- Quand le verbe commence par une **voyelle** ou un **h** muet, une **liaison est obligatoire** entre **en** et ce verbe :

    J'en ai. [ʒɑ̃nɛ] ; *Nous en avons.* [nuzɑ̃navɔ̃]

Place du pronom en dans la phrase

- Avec <u>un temps simple</u> (présent, futur simple, conditionnel présent, imparfait, etc.), le **pronom en se place devant le verbe**.

    Ils ont des enfants ? Oui, ils en ont quatre.

    Tu as un livre de grammaire ? Oui, j'en ai un.

    Elle écoutait de la musique autrefois ? Oui, elle en écoutait tout le temps.

- Avec la négation, on ajoute simplement **n'**<u>avant</u> **en** et **l'autre partie de la négation** <u>après le verbe</u>.

    Vous avez des amis ? Non, je n'en ai pas.

    Tu as du chocolat ? Non, je n'en ai plus.

    Elle mange de la soupe ? Non, elle n'en mange jamais.

    Vous ajoutez des herbes de Provence ? Non, nous n'en ajoutons pas.

    Tu as un livre de grammaire ? Non, je n'en ai pas.

    Elle a des frères ? Non, elle n'en a pas.

    Elle parle de ses vacances ? Non, elle n'en parle pas.

    Elle fait du ski ? Non, elle n'en fait jamais.

ATTENTION ! À l'oral, **ne** (ou **n'**) est souvent omis.

→ Voir Négation, p. 89.

- Avec <u>un temps composé</u> (passé composé, conditionnel passé, plus-que-parfait, etc.), **le pronom en se place devant l'auxiliaire**.

    Ils ont eu des enfants ? Oui, ils en ont eu.

    　　　　　　　　　Non, il n'en ont pas eu.

    Tu as eu un vélo pour Noël ? Oui, j'en ai eu un, il est magnifique !

    　　　　　　　　　Non, je n'en ai pas eu, j'ai eu des rollers.

    Vous avez eu besoin de ce document ? Oui, nous en avons eu besoin.

    　　　　　　　　　Non, nous n'en avons pas eu besoin.

    Elle a joué de la guitare hier soir ? Oui, elle en a joué, c'était formidable !

    　　　　　　　　　Non, elle n'en a pas joué, elle était trop fatiguée.

ATTENTION ! Il n'y a **jamais** d'accord entre en et le participe passé.

- Avec <u>deux verbes</u> (*aller* + infinitif, *vouloir* + infinitif, *pouvoir* + infinitif, etc.), **le pronom en se place devant l'infinitif**.

    Il va faire du sport ? Oui, il va en faire.

    　　　　　　Non, il ne va pas en faire, il est trop occupé.

    Tu vas acheter une voiture ? Oui, je vais en acheter une bientôt.

    　　　　　　Non, je ne vais pas en acheter. En ville, c'est inutile !

    Vous voulez offrir des fleurs ? Oui, nous voulons en offrir.

    　　　　　　Non, nous ne voulons pas en offrir pour le moment.

- Avec l'impératif à la **forme affirmative**, le pronom en se place **après le verbe** :

    *Maman, on peut prendre **du chocolat** ? Oui, prenez-en mais pas trop !*

ATTENTION ! Avec la deuxième personne du singulier des verbes réguliers, il faut ajouter un **s** pour permettre une liaison :

    Mange de la soupe ! Manges-en ! [mãʒɑ̃]

- Avec l'impératif à la **forme négative**, le pronom en se place **avant le verbe** :

    *Maman, on peut prendre **du chocolat** ? Non, n'en prenez pas ! On va manger dans cinq minutes.*

ATTENTION ! Avec la deuxième personne du singulier des verbes réguliers, le **s** disparaît :

    Mange de la soupe ! Manges-en ! [mãʒɑ̃] N'en mange pas !

COMPLÉMENT D'INFORMATION

Pour plus d'informations sur l'expression de la quantité :
→ chapitre : L'expression de la quantité, p. 112 à 116.

■ Le pronom y

    – Vous aimez l'Italie ?
    – Oui, j'y vais souvent.

Emplois

1. Lieu

- Le pronom y remplace un nom (masculin ou féminin, singulier ou pluriel) quand ce nom signifie un lieu de **destination** (*aller*) ou de **situation** (*être, habiter, rester*, etc.).
- Ce lieu peut être un pays, une ville, etc.

    *Tu vas **en Espagne** l'année prochaine ? Bien sûr, j'y vais chaque année.*
    *Elle reste combien de temps **à Paris** ? Elle y reste 15 jours.*
    *Vous allez souvent **au cinéma** ? Oui, nous y allons deux fois par semaine.*

2. Verbe + à

- Le pronom y est utilisé pour remplacer un nom quand ce nom est introduit par <u>un verbe suivi de la préposition **à**</u>.

    *Elle pense à **ses prochaines vacances** ? Oui, elle y pense beaucoup.*

- En principe, dans ce cas, le pronom y remplace uniquement **des choses**.

    *Elle s'intéresse à **la peinture** ? Oui, elle s'y intéresse énormément.*

- Avec la négation, on ajoute simplement **n'**<u>avant en</u> et **l'autre partie de la négation** <u>après le verbe.</u>

    *Elle pense à **ses prochaines vacances** ? Non, elle n'y pense pas.*
    *Elle s'intéresse à **la peinture** ? Non, elle ne s'y intéresse pas vraiment.*

ATTENTION ! À l'oral, **ne** (ou **n'**) est souvent omis.

- Si le nom remplace des **personnes**, on n'utilise pas y mais un **pronom tonique**.

    *Elle pense à **ses amis** ? Oui, elle pense à **eux** tout le temps.*

- Toutefois, cette règle n'est pas toujours respectée. Vous pourrez donc entendre :

    *Elle pense à **ses amis** ? Oui, elle y pense tout le temps.*

Forme

- Le pronom y est invariable.

Prononciation

- Avec **nous**, **vous**, **ils** et **elles**, **une liaison** [z] est **obligatoire** :

    Nous y allons [nuzijalɔ̃] ; *Vous y allez* [vuzijale] ; *Ils y vont* [ilzivɔ̃] ; *Elles y vont* [ɛlzivɔ̃].

Place du pronom y dans la phrase

- Avec <u>un temps simple</u> (présent, futur simple, imparfait, etc.), le **pronom y se place devant le verbe**.

    *Ils vivent **en Bretagne**? Oui, ils **y** <u>vivent</u> depuis un an.*

    *Tu penses **à faire les courses**? Oui, j'**y** <u>pense</u>. Ne t'inquiète pas !*

    *Elle va **à la piscine**? Oui, elle **y** <u>va</u> tous les jours.*

    ATTENTION ! Avec le futur simple du verbe aller, l'utilisation de y est impossible.
    Tu iras à la boulangerie? Oui, j'y̶ irai.

- Avec la négation, on ajoute simplement **n'** <u>avant</u> y et **l'autre partie de la négation** <u>après le verbe</u>.

    *Vous allez **au restaurant** ce soir? Non, nous **<u>n'y</u>** allons **pas** ce soir.*

    *Tu seras **au bureau** demain? Non, je **<u>n'y</u>** suis **jamais** le mercredi.*

    *Elle part **au Portugal** la semaine prochaine? Non, elle **<u>n'y</u>** va **plus**, elle a changé d'avis.*

    ATTENTION ! À l'oral, **ne** (ou **n'**) est souvent omis.

- Avec <u>un temps composé</u> (passé composé, plus-que-parfait, etc.), **le pronom y se place devant l'auxiliaire**.

    *Tu as pensé **à faire les courses**? Oui, j'**y** <u>ai pensé</u>.*

    > *Non, je n'**y** <u>ai</u> pas <u>pensé</u>. Je t'invite au restaurant !*

    *Vous vous êtes intéressés **à cette affaire**? Oui, nous nous **y** <u>sommes intéressés</u>.*

    > *Non, nous ne nous **y** <u>sommes</u> pas <u>intéressés</u>.*

    ATTENTION ! Il n'y a **jamais** d'accord entre y et le participe passé.

- Avec <u>deux verbes</u> (*aller* + infinitif, *vouloir* + infinitif, *pouvoir* + infinitif, etc.), **le pronom y se place devant l'infinitif**.

Il va s'habituer à son nouveau travail?	*C'est un peu difficile mais il va s'**y** <u>habituer</u>.* *Non, il ne va pas s'**y** <u>habituer</u>, c'est trop dur !*
Tu vas aller à Lyon pour Noël?	*Oui, je vais **y** <u>aller</u>.* *Non, je ne vais pas **y** <u>aller</u> cette année.*
Vous voulez retourner à la montagne?	*Oui, nous voulons **y** <u>retourner</u>, c'est tellement beau !* *Non, nous ne voulons pas **y** <u>retourner</u> pour le moment.*
Maman, je peux aller au cinéma?	*Oui, tu peux **y** <u>aller</u>.* *Non, tu ne peux pas **y** <u>aller</u>, tu n'as pas fini tes devoirs !*

- Avec <u>l'impératif</u> à la **forme affirmative**, le pronom y se place **après le verbe** :

    *Nous pouvons aller **à la plage**? Oui, <u>allez-**y**</u> !*

    ATTENTION ! Avec la deuxième personne du singulier des verbes réguliers, il faut ajouter un **s** pour permettre une liaison :
    *Va à la plage ! Vas-**y** !* [vazi]

- Avec <u>l'impératif</u> à la **forme négative**, le pronom y se place **avant le verbe** :

  Nous pouvons aller à la plage ? Non, n'y <u>allez</u> pas !

ATTENTION ! Avec la deuxième personne du singulier des verbes réguliers, le **s** disparaît :

  Va à la plage ! Vas-y ! [vazi] *N'y va pas !* [nivapa]

L'utilisation des pronoms compléments : tableau récapitulatif

Personnes	Catégories de pronoms	Choses
Tu écoutes ta mère ? *Oui, je l'écoute.* (l' = ta mère) <u>Pronoms</u> : me, m' nous te, t' vous le, l' les la, l' les	Pronoms COD	*Tu regardes la télévision ?* *Oui, je la regarde le soir.* (**la** = la télévision) <u>Pronoms</u> : le, la, l', les.
Vous parlerez à Lisa ? *Oui, nous lui parlerons.* (**lui** = Lisa) <u>Pronoms</u> : me, m' nous te, t' vous lui leur	Pronoms COI Téléphoner à Parler à Donner à Écrire à } <u>quelqu'un</u> Raconter à **uniquement** Etc.	**IMPOSSIBLE**
Tu penses à tes enfants ? *Oui, je pense à eux.* **eux** = tes enfants <u>Pronoms</u> : à moi à nous à toi à vous à lui à eux à elle à elles	Pronoms avec verbes + à Penser à Faire attention à Renoncer à Résister à } <u>quelqu'un</u> Tenir à **ou** S'intéresser à <u>quelque chose</u> S'habituer à S'opposer à	*Tu penses au pain ?* *Oui, j'y pense.* (**y** = pain) <u>Pronom</u> : y
Elles parlent de la nouvelle directrice ? *Oui, elles parlent d'elle.* (**elle** = la directrice) <u>Pronoms</u> : de moi de nous de toi de vous de lui d'eux d'elle d'elles	Pronoms avec verbes + de Parler de Se souvenir de Avoir peur de } <u>quelqu'un</u> Se moquer de **ou** Avoir envie de <u>quelque chose</u> S'occuper de Etc.	*Ils vont parler de notre problème ?* *Oui, ils vont en parler pendant la réunion.* (**en** = problème) <u>Pronom</u> : en
Vous avez une sœur ? *Non, j'en ai deux.* <u>Pronom</u> : en	Pronoms pour la quantité	*Tu achèteras des œufs ?* *Oui, j'en achèterai.* (**en** = des œufs) <u>Pronom</u> : en
Tu es allé voir ton frère ? *Oui, je sors de chez lui.* (**lui** = frère) <u>Pronoms</u> : de chez moi de chez nous de chez toi de chez vous de chez lui de chez eux de chez elle de chez elles	Pronoms pour le lieu qui désigne la provenance Arriver de Venir de Sortir de Etc.	*Tu es allé à l'hôpital ?* *Oui, j'en sors à l'instant !* Je sors de **l'hôpital** **en** = hôpital <u>Pronom</u> : en
Vous venez chez moi ? <u>Pronoms</u> : chez moi chez nous chez toi chez vous chez lui chez eux chez elle chez elles	Pronoms pour le lieu qui désigne la destination ou la situation Être Aller Habiter Etc.	*Tu restes là ?* *Oui, j'y suis, j'y reste !* (**y** = là) <u>Pronom</u> : y

▪ Celui, celle, ceux, celles

Il remplace le groupe adjectif démonstratif + nom. Il sert à éviter la répétition.

> – *Je voudrais essayer **cette veste**, s'il vous plaît.*
> – *Laquelle? La bleue ou la noire?*
> – *Non, la verte, **celle** (= cette veste) qui est en vitrine.*

	Masculin	Féminin
Singulier	celui	celle
Pluriel	ceux	celles

• Le pronom démonstratif peut être simple (celui, celle, ceux, celles).

En ce cas, il est suivi :

soit d'une proposition relative :

> – *On va voir quel film?*
> – *Oh, **celui que tu veux**.*

soit de la préposition de + un nom :

> – *On prend le chemin de gauche ou de droite?*
> – *Prenons **celui de gauche**, c'est plus court.*

• Il peut être composé, c'est-à-dire accompagné de -ci (plus près) ou de -là (plus loin).

> – *On se met à quelle table? **Celle-ci**, ça va?*
> – *Non, installons-nous à **celle-là**, au fond, on sera tranquilles pour bavarder.*

Remarque : en français parlé, on utilise presque toujours -là, même pour désigner quelque chose de proche.

> *Je voudrais trois gâteaux : **celui-là**, **celui-là** et **celui-là**.*

ATTENTION ! Jamais de relatif après un pronom démonstratif composé.

> **Je voudrais celui-là qui est là* : impossible ! Seule possibilité : *Je voudrais **celui** qui est là.*

▪ Ce (ou c')

• Ce pronom neutre remplace une ou plusieurs choses :

> *On dit que le meilleur chocolat, **c'**est le chocolat suisse.*
> *Vous connaissez les Alpes? **C'**est magnifique.*

• Il est suivi du verbe être (+ nom ou pronom ou adjectif ou infinitif ou complément circonstanciel de lieu, de temps, etc.) :

> *C'est **un scandale**!*
> *C'est **toi** qui m'as téléphoné hier?*
> *C'est **intéressant**, les mathématiques.*
> *Partir, c'est **mourir** un peu.*
> *C'est **ici** que tu habites?*
> *C'est **ce soir** que je pars à Lyon.*

ou d'un pronom relatif :

> *La tranquillité, c'est **ce que** j'aime, **ce qui** me plaît, **ce dont** nous avons tous besoin.*

45

■ Ça

• Ce pronom neutre est très souvent utilisé dans la langue de tous les jours. Il est très pratique : il peut presque tout remplacer ! Observez.

> *Passe-moi ça !* (= cet objet)
> *Je n'ai jamais dit ça !* (= ces mots)
> *J'ai arrêté la gymnastique et ça me manque.* (= la gymnastique)
> *Faire la cuisine pour dix personnes, il adore ça.* (= faire la cuisine)

• On le trouve aussi dans beaucoup de locutions :

> *– Comment ça va ?*
> *– Bof !* **Comme-ci comme-ça,** *pas très bien, j'ai mal à la tête.*
>
> *– Alors,* **ça y est ?** *Vous avez fini l'exercice ?*
> *– Oui,* **ça y est.** *On peut corriger.*
>
> *– Comment je fais ?* **Comme ça ?** (= de cette manière)
> *– Fais comme tu veux,* **ça m'est égal** *mais dépêche-toi.* (= je n'ai pas de préférence)
>
> *– On sort ce soir ? On va voir un film ?* **Ça te dit ?** (= tu veux, tu as envie ?)
> *– Non,* **ça ne me dit rien** (= je n'ai pas envie), *je suis fatigué.*

Remarque : en français soutenu, on dit plutôt cela :

> *Si* **cela** *vous convient, cher ami, nous pourrions nous rencontrer à dix heures.*

Le pronom possessif

• Il remplace le groupe adjectif possessif + nom. Il sert à éviter la répétition.

• Il est toujours précédé de l'article défini.

> *– Madame, vous oubliez* **votre manteau.**
> *– Non, j'ai laissé* **le mien** *à l'hôtel.* (= mon manteau)
>
> *– Tu peux me prêter* **ta voiture ?** **La mienne** *est en panne.* (= ma voiture)
> *– Moi aussi. Demande à mon frère,* **la sienne** *est toute neuve.* (= sa voiture)
>
> *– J'aime bien* **tes gants.** *On change ?*
> *– D'accord. Prends* **les miens** (= mes gants) *et je prends* **les tiens.** (= tes gants)
>
> *– Ce sont* **vos enfants ?**
> *– Oh non,* **les nôtres** (= nos enfants) *sont déjà étudiants.*

S'il y a un « possesseur »

Qui possède	Singulier		Pluriel	
	masculin	féminin	masculin	féminin
JE	le mien	la mienne	les miens	les miennes
TU	le tien	la tienne	les tiens	les tiennes
IL ou ELLE	le sien	la sienne	les siens	les siennes

S'il y a plusieurs « possesseurs »

Qui possède	Singulier		Pluriel	
	masculin	féminin	masculin	féminin
NOUS	le nôtre	la nôtre	les nôtres	les nôtres
VOUS	le vôtre	la vôtre	les vôtres	les vôtres
ILS ou ELLES	le leur	la leur	les leurs	les leurs

Remarque :

Attention à l'accent sur le o dans *le nôtre, la nôtre, les nôtres ; le vôtre, la vôtre, les vôtres.*

Prononciation

Dans ces pronoms, le son [o] est fermé, grave.

Le pronom indéfini

Il remplace un nom. Il peut exprimer la quantité zéro, la singularité, la pluralité, la totalité, la différence ou la ressemblance.

Pour le pronom sujet ON. → Voir p. 33.

▪ Quantité nulle

→ Voir Phrase négative, p. 89.

- Aucun(e)
    - *Il y a des lettres ce matin ?*
    - *Non, **aucune*** (= pas une seule lettre)
- Personne
    - *Quelqu'un a appelé ce matin ?*
    - *Non, **personne**.* (= aucune personne)
- Rien
    - *Tu veux boire quelque chose ?*
    - *Non, **rien**, merci.* (aucune chose)

▪ Singularité

- Quelqu'un
    - *Tu as rencontré **quelqu'un** ?* (= une personne)
    - *Non, je n'ai vu personne.*
- Quelque chose
    - *Vous voulez **quelque chose** d'autre ?* (= une autre chose)
    - *Non, rien d'autre, merci.*
- N'importe qui (pour les personnes)
    - *Qui t'accompagne ce soir ? Laurent ? Jeremy ? Jacques ?*
    - ***N'importe qui*** (= l'un ou l'autre), *ça m'est égal.*

- N'importe lequel, n'importe laquelle (pour les personnes ou les choses)
    - *On va voir quel film ?*
    - *N'importe lequel. Celui que tu veux, ça m'est égal.*
- N'importe quoi (pour les choses)
    - *Qu'est-ce que vous prenez pour le petit déjeuner ?*
    - *N'importe quoi, un café, un thé, un chocolat. Peu importe.*
- Chacun (pour les personnes et les choses)
On insiste sur la singularité, sur l'individualité.
    - *Du gâteau ! Du gâteau !*
    - *Non, pas tous en même temps ! Chacun (= chaque personne) son tour.*

■ Pluralité

- D'autres
    - *J'ai déjà lu ces livres. Vous en avez d'autres ? (= d'autres livres)*
- Quelques-un(e)s
    - *Tu as des amis en Corée ?*
    - *Oui, quelques-uns. (= quelques amis)*
- Plusieurs
    - *Vous avez lu des romans de Balzac ?*
    - *Oui, plusieurs (= plusieurs romans), j'adore cet auteur !*
- N'importe lesquels, n'importe lesquelles (pour les personnes ou les choses)
    - *Quelles cravates veux-tu emporter ?*
    - *N'importe lesquelles, ça n'a pas d'importance.*

■ Totalité

- Tout neutre (= toutes les choses)
    - *Ça va ?*
    - *Oui, oui, tout va bien.*
    - *Il faut tout ranger avant de partir.*
- Tout le monde (toujours singulier)
    Alain, Béatrice, Claire, Lucas, tout le monde est prêt ? Alors, on part !
- Tous, toutes
    - *Les bagages sont arrivés ?*
    - *Oui, tous. (= tous les bagages)* **Attention :** le pronom **tous** se prononce [tus]
    - *Même les malles ?*
    - *Oui, elles sont toutes là aussi. (= toutes les malles)*

■ Ressemblance et différence

- Le même, la même, les mêmes
    - *J'adore ton sac. Il est superbe !*
    - *Si tu veux le même (= le même sac), il y en a encore dans la boutique.*
- Un autre, une autre, d'autres
    - *Vous n'avez pas d'autres chaussures dans le même genre ?*
    - *Non, nous n'en avons pas d'autres.*

Le pronom interrogatif

→ Voir Phrase interrogative, p. 95.

Il a deux formes possibles :
– une forme simple : **Qui**…? **Que**…?
– une forme composée : **Lequel**…? **Laquelle**…? **Lesquels**…? **Lesquelles**…?

Fonctions

Il peut être :

■ Sujet

• L'interrogation peut porter sur une personne indéterminée : Qui…?

> *Qui est là? Qui a fait ça?*

Remarque : on rencontre souvent la forme renforcée → *Qui est-ce qui est là?*
> *Qui est-ce qui a fait ça?*

• L'interrogation peut également porter sur une personne **ou** une chose indéterminée et implique une idée de choix, de sélection : Lequel…? Laquelle…? Lesquels…? Lesquelles…?

> *J'aime bien Patrice mais je préfère son frère. Et vous, **lequel** des deux préférez-vous?*
> *Fermez les yeux. Vous allez goûter cinq gâteaux différents. Dites **lesquels** sont sucrés et **lesquels** sont sans sucre.*

■ Complément

• L'interrogation peut porter sur une personne indéterminée : Qui…?

> *Qui épouse-t-elle?*
> *De qui est-elle amoureuse?*
> *Avec qui se marie-t-elle?*
> *À qui pensez-vous?*
> *Pour qui as-tu voté?*
> *Chez qui habitez-vous?*

Remarque : à l'oral, on dit souvent :
> *Elle épouse qui? Elle est amoureuse de qui? Elle se marie avec qui? Vous pensez à qui?*

• L'interrogation peut également porter sur une chose indéterminée : Que…?

> *Que veux-tu manger? Que fais-tu? Qu'avez-vous décidé? Qu'est-ce que tu veux manger? Qu'est-ce que tu fais? Qu'est-ce que vous avez décidé?*

Remarque : à l'oral, on dit souvent :
> *Tu veux manger quoi? Tu fais quoi? Vous avez décidé quoi?*

Dans ce cas, **quoi** est toujours après le verbe.

ATTENTION aux verbes construits avec une préposition *(parler **de** quelque chose, insister **sur** quelque chose…)* → Quoi.

> *De quoi parlez-vous? (à l'oral : Vous parlez de quoi?)*
> *Sur quoi faut-il insister dans mon exposé? (à l'oral : Il faut insister sur quoi?)*

• L'interrogation peut aussi porter sur une personne **ou** une chose indéterminée et impliquer une idée de choix, de sélection :

> *J'adore Brad Pitt. Et toi, parmi les acteurs américains, **lequel** préfères-tu?*
> *Parmi tous les films de Godard, **lesquels** connaissez-vous?*

■ **Préposition + lequel, laquelle, lesquels, lesquelles**

> *Il y a deux maisons à louer, **pour laquelle** vous décidez-vous?*
> *Pierre, Marc et Christophe proposent de t'emmener. **Avec lequel** préfères-tu partir?*

ATTENTION aux verbes construits avec la préposition à *(parler à…, penser à…, s'adresser à…, s'intéresser à…, participer à…)* : **auquel, à laquelle, auxquels, auxquelles.**

> *Il y a eu plusieurs concours. **Auquel** avez-vous participé?*

ATTENTION aux verbes construits avec la préposition de *(parler de…, être content de, être amoureux de, être fier de…)* : **duquel, de laquelle, desquels, desquelles.**

> *Parmi tous vos romans, **duquel** êtes-vous le plus fier? Quel est votre préféré?*

Le pronom relatif

Il remplace un nom :

> *Regarde <u>la fille</u> **qui** est assise là-bas, à gauche.*

ou un autre pronom :

> *<u>Celle</u> **qui** a un chapeau bleu?*

Les pronoms relatifs peuvent être **simples** (qui, que, dont, où) ou **composés** (lequel, auquel etc.).

■ Les pronoms relatifs simples

• Qui

C'est le pronom sujet. Il peut représenter des personnes ou des choses :

> *Il y a deux nouveaux étudiants. **Ces étudiants** viennent de Bulgarie.*
> → *Il y a **deux nouveaux étudiants qui** viennent de Bulgarie.*

> *Martine habite un studio. Ce studio est au deuxième étage.*
> → *Martine habite **un studio qui** est au deuxième étage.*

ATTENTION ! Qui ne s'élide jamais. Il reste toujours Qui.

> *Tu vois? C'est **celui qui** a les fenêtres ouvertes.*

• Que (ou **qu'** devant une voyelle ou un h muet).

C'est le pronom objet. Il peut représenter des personnes ou des choses :

> *C'est une femme charmante. Il faut absolument connaître **cette femme**.*
> → *C'est **une femme charmante qu'**il faut absolument connaître.*

> *C'est un musée passionnant. J'ai visité ce **musée** il y a deux mois.*
> → *C'est **un musée passionnant que** j'ai visité il y a deux mois.*

• Dont

Il remplace un nom ou un pronom (une personne ou une chose) introduits par **de**.
Cela peut être **un nom ou un pronom complément d'un verbe** :

> *On parle beaucoup **de ce livre**.* (parler **de** quelque chose)
> → *C'est **un livre dont** on parle beaucoup.*

ou **un nom ou un pronom complément d'un autre nom** :

> *Les volets de cette maison viennent d'être repeints.*
> → *C'est **la maison dont** les volets viennent d'être repeints.*

ou encore **un nom ou un pronom complément d'un adjectif** :

> *Il est fou de musique techno* (être fou de quelque chose ou de quelqu'un).
> → *C'est **une musique dont** il est fou.*

• Où

Ce pronom relatif représente toujours une chose.

Il peut exprimer **le lieu** :

– *Vous connaissez **la salle où** se passe l'examen ?*
– *Oui, c'est **là où** nous étions déjà l'année dernière.*

ou **le temps** :

*1999, c'est **l'année où** il est arrivé à Bordeaux.*
*Je l'ai vu juste **au moment où** je partais.*

ATTENTION ! On ne peut pas utiliser en même temps un pronom relatif et un autre pronom. C'est logique : ils représentent tous les deux le même mot. Il faut choisir !

Exemple 1 :

*C'est ma voisine. Je **la** connais très peu.*
*C'est ma voisine **que** je connais très peu.*

Mais **impossible** : *C'est ma voisine **que** je **la** connais très peu.

Exemple 2 :

*Voilà Moret. J'**y** ai passé ma jeunesse.*
*Voilà Moret **où** j'ai passé ma jeunesse.*

Mais **impossible** : *Voilà Moret **où** j'**y** ai passé ma jeunesse.

POUR ALLER PLUS LOIN :
CE QUI, CE QUE, CE DONT

• **CE QUI**

Le pronom (**qui**) représente un pronom neutre (**ce qui, quelque chose qui, autre chose qui, personne qui, rien qui**...) :

*Les livres anciens, c'est ce **qui** le passionne le plus.*
*Vous voyez **autre chose qui** vous intéresse ?*

• **CE QUE (QU')**

Le pronom (**que** ou **qu'**) représente un pronom

neutre (**ce que, quelque chose que, autre chose que, personne que, rien que**...) :

*Je te donnerai tout ce **que** tu veux.*
*J'ai trouvé **quelque chose que** tu cherchais depuis longtemps.*

• **CE DONT**

Le pronom (**dont**) représente un pronom neutre (**ce dont, quelque chose dont, autre chose dont, personne dont, rien dont**...).

*Ce film, c'est **quelque chose dont** on parlera longtemps.*
*Du repos, voilà ce **dont** vous avez besoin.*

▪ Les pronoms relatifs complexes

• Pour les personnes, on utilise le plus souvent une préposition + qui (le plus fréquent). On rencontre aussi, plus rarement, une préposition + lequel, laquelle, lesquels, lesquelles.

*Je t'ai parlé **des amis chez qui (chez lesquels)** je suis allé cet été ?*
*Ce sont des gens **pour qui (pour lesquels)** j'ai beaucoup d'amitié.*

ATTENTION ! * à + lequel/à + lesquels/à + lesquelles → auquel, auxquels, auxquelles.
*Ce sont **les amis à qui** (ou **auxquels**) tu rends visite chaque année ?* (rendre visite **à quelqu'un**)

* de + lequel/de + lesquels/de + lesquelles → duquel, desquels, desquelles.
*Ce sont **les Amyot, de qui** (ou **desquels** ou **dont**) je t'ai souvent parlé.* (parler **de quelqu'un**)

Remarque : dont est beaucoup plus fréquent que de qui. Duquel est encore plus rare.

• Pour les choses, on utilise seulement : préposition + lequel, laquelle, lesquels, lesquelles.

Tu as oublié une écharpe dans une salle de classe.
*Mais **dans laquelle**, exactement ?*

*L'examen **auquel** il a été reçu était très difficile.* (être reçu **à quelque chose**)

2 LE VERBE

1 • Généralités

Qu'est-ce qu'un verbe ?

Le verbe est comme le cœur de la phrase. Il permet d'exprimer une action, un événement, un état. Il change selon :

• **la personne.** Six personnes : je, tu, il/elle/on, nous, vous, ils/elles.

ATTENTION ! À l'impératif, trois personnes seulement : tu, nous, vous.

• **le temps.** Les événements sont situés dans le passé, le présent ou le futur.

• **l'aspect.** Il indique la manière dont les événements se déroulent.

• **le mode.** Il indique comment la personne qui parle considère les événements.

• **la voix.** Elle peut être active ou passive.

Les types de verbes

■ Trois types de verbes

• **Les verbes à sens « plein »,** les plus nombreux.

> *Il marche vite, il se dépêche, il attrape l'autobus.*
> *Elle regarde la télévision tous les soirs. Lui, il travaille.*

• **Les verbes auxiliaires** être **et** avoir qui sont utilisés (avec un participe passé) pour former les temps composés.

> *Nous sommes partis à 7 heures. Elle s'est levée plus tard.*
> *Quand ils ont acheté cet appartement en 1996, ils ont emprunté de l'argent à la banque.*

• **Les verbes semi-auxiliaires** qui sont toujours suivis d'un infinitif et peuvent avoir différentes valeurs :

> ■ une valeur de **temps** (passé ou futur) : **venir de** (+ infinitif), **aller** (+ infinitif).
> *Elle vient juste de sortir ; on va partir dans dix minutes.*

> ■ une valeur d'**aspect** (début, déroulement ou fin d'une action) : **commencer à/être en train de, continuer à/finir de,**
> – *Votre fils a commencé à travailler ?*
> – *Non, il finit d'abord de passer ses examens. Il travaillera après.*

> ■ une valeur de **mode** :

exprimant la possibilité : **pouvoir** (+ infinitif).

> *Il peut très bien faire ce travail seul.*

exprimant l'obligation : **devoir** (+ infinitif), **il faut** (+ infinitif), **il faut que** (+ subjonctif)...

> *Je dois partir, il faut absolument partir, il faut que je parte tout de suite.*

exprimant la volonté, le désir, le souhait : **vouloir que** (+ subjonctif).

> *Je voudrais que tu fasses ton travail avant le dîner.*

■ Mode, temps, aspect

• **Le mode** permet d'exprimer l'attitude d'une personne par rapport à ce qu'elle dit.

Observez

> *Il pleut.* (mode indicatif : on énonce un fait, une réalité)
> *Je voudrais bien qu'il pleuve.* (mode subjonctif : on exprime un désir, un souhait)
> *J'ai peur qu'il pleuve.* (mode subjonctif : on exprime une crainte)

Mais **attention**, il y a beaucoup de manières différentes de dire quelque chose :

> *La porte !*
> *Et la porte ? Elle va se fermer toute seule ?*
> ***Fermez** la porte.* (impératif)
> ***Vous fermez** la porte, s'il vous plaît ?* (indicatif)
> ***Vous pouvez fermer** la porte, s'il vous plaît ?* (indicatif)
> ***Vous pourriez fermer** la porte ?* (conditionnel)
> ***Ne pourriez-vous pas** fermer la porte, s'il vous plaît ?*
> ***Je voudrais que vous fermiez** la porte.* (subjonctif)
> ***Fermer** la porte avant de sortir.* (infinitif)
> ***Ne pas laisser** la porte ouverte.* (infinitif négatif)

On distingue deux types de modes : **les modes personnels** (l'indicatif, le subjonctif et l'impératif) et **les modes impersonnels** qui sont invariables (par exemple, l'infinitif).

• **Le temps**

Attention, en français, ce mot a deux sens :
– le *temps* au **sens chronologique** qui correspond au mot anglais *time*.
– le *temps* au **sens grammatical** qui correspond au mot anglais *tense*.
Ce double sens peut entraîner des difficultés.

Observez

Si je dis : *L'année prochaine, je vais au Canada*, le *temps* (au sens 1) dont je parle est futur mais le *temps* (au sens 2) que j'utilise est le présent.

```
           Passé                    Présent              Futur
_____/_____//_____/_____→
                            moment où l'on parle
```

Présent :
> *Je **m'appelle** Rosa, je **suis** colombienne et **j'habite** à Lyon depuis un an.*

Passé : Imparfait :
> *Avant, quand je **vivais** en Colombie, **j'étudiais** le théâtre.*

Passé composé :
> *Hier, je **suis allée** au cinéma **et j'ai vu** un film sur Shakespeare.*

Plus-que-parfait :
> *L'université de Bogota m'a enfin envoyé ce matin un document que je leur **avais demandé** il y a trois mois.*

Passé récent :
> *Je **viens juste de le** recevoir au courrier de ce matin.*

Futur simple :
> *Après mes études, je **rentrerai** à Bogota avec mon mari et ma fille.*

Futur proche :
> *Eh oui, je **vais avoir** un enfant le mois prochain. C'est une fille, je **vais l'appeler** Laura*

- **L'aspect** du verbe, c'est-à-dire la manière dont se déroulent les choses.
– L'action peut durer *(Il habite à Tokyo)* ou non *(Il arrive !)*.
– L'action peut être en train de se réaliser *(On dîne)* ou déjà finie *(On a dîné au restaurant hier soir)*.
– L'action peut se réaliser dans un avenir proche *(Ce soir, on va dîner au restaurant)*.
– Elle peut venir de se réaliser *(On vient de dîner)*.
– Elle peut se répéter. *(Tous les soirs, on dîne à 8 heures.)*

---

2 • L'accord du sujet et du verbe

- En général, le verbe s'accorde avec le sujet :
Ce livre de Marguerite Duras est très célèbre.
→ ***Ces livres*** *de Marguerite Duras* ***sont*** *très célèbres.*

ATTENTION !

*C'est **nous** qui **avons** écrit ce texte. C'est **toi** qui **as** fait ça ?*

- Si le verbe a plusieurs sujets singuliers, le verbe est au pluriel.
*Moi, je viens mais **Hélène et Claire** ne **viennent** pas.*

- Si les sujets sont reliés par **ou**, faites attention au sens. Observez :
*Ne t'inquiète pas. Ton père ou ta mère **sera** à l'aéroport.* (ou l'un ou l'autre)
*Pierre, Paul ou François **sont** des prénoms courants.* (tous les trois)

Cas particuliers

■ Le cas des pronoms sujets

Moi + toi	→ nous	*Toi et moi aimons les mêmes films.*
Moi + lui/elle/eux/elles	→ nous	*Mes sœurs et moi avons les mêmes goûts.*
Toi + lui/elle/eux/elles	→ vous	*Tes amis et toi pourriez venir samedi ?*
Vous + lui/elle/eux/elles	→ vous	*Vos amis et vous pourriez venir samedi ?*

■ Le cas des sujets collectifs :

- *La foule, un tas, un groupe, le peuple, la majorité,* etc. Le verbe est généralement au singulier :
   *Le peuple **a pris** la Bastille le 14 juillet 1789.*
- Mais si le nom collectif est suivi d'un complément de nom au pluriel, le verbe se met souvent au pluriel aussi (mais les deux manières sont possibles) :
   *Un groupe d'étudiants **part/partent** en stage aux États-Unis.*
   *La majorité des Français **prend/prennent** des vacances au mois d'août.*

3 • Les temps de l'indicatif

On emploie l'indicatif pour exprimer des faits réels, situés dans l'espace et dans le temps.

Le présent

Le présent de l'indicatif est à la fois simple et compliqué. Simple si on considère ses valeurs (voir plus loin). Compliqué si on considère ses formes qui sont souvent très irrégulières.

Forme du présent

Rappelons seulement que l'on classe généralement les verbes en trois catégories, trois groupes.

Seuls, les deux premiers groupes sont réguliers. Dans le troisième groupe, on trouve tous les verbes irréguliers et ils sont nombreux !

- Verbes du 1er groupe (type *parler)* : l'infinitif se termine par **-er** et les terminaisons du présent sont : **-e, -es, -e, -ons, -ez, -ent.** Attention, une exception : aller.

    Je parle   *Nous parlons*
    Tu parles   *Vous parlez*
    Il/elle parle   *Ils/elles parlent*

Prononciation

Les terminaisons des 1re, 2e, 3e personnes du singulier et 3e personne du pluriel, se prononcent de la même manière.

    Je mange/tu manges/il mange/ils mangent [mãʒ]

ATTENTION ! Si le verbe commence par une voyelle, une liaison est obligatoire.

    j'aime
    tu aimes ⎬ [ɛm] *mais ils_aiment* [ilzɛm]
    il aime

- Verbes du 2e groupe (type *finir, choisir, grandir, grossir*…) : l'infinitif se termine par -ir et les terminaisons du présent sont : **-is, -is, -it, -issons, -issez, -issent.**

    Je finis   *Nous finissons*
    Tu finis   *Vous finissez*
    Il/elle finit   *Ils/elles finissent*

- Verbes du troisième groupe : tous les autres verbes (autres verbes en -ir, verbes en -oir, -oire, -re, -dre, -tre…). Pour ces verbes, reportez-vous aux tableaux de conjugaison p. 141 à 154.

Valeurs et emplois du présent

- Il exprime le plus souvent un état ou une action en train d'avoir lieu :

    *Les enfants **sont** dans leur chambre, **ils jouent.***
    *Le soir **tombe**, les derniers clients **se dépêchent** de faire leurs courses.*

- On peut aussi utiliser la tournure être en train de + infinitif (le « présent progressif »).

    – Florence, qu'est-ce que tu fais ?
    *– Chut, ne la dérange pas, **elle est en train de travailler.***

- Il peut exprimer aussi une action passée qui vient de se terminer :
  - *Oh là là ! Tu as une mine superbe ! D'où tu viens ?*
  - *Je rentre des Antilles, il faisait un temps merveilleux !*
- On utilise aussi la tournure **venir de** + infinitif (le « passé récent »).
  - *François vient de rentrer des Antilles, il a une mine superbe !*
- Il peut exprimer également une action qui va avoir lieu ou que l'on imagine déjà comme présente :
  - *Attends-moi, j'arrive dans cinq minutes !*
  - *L'an prochain, c'est sûr, je prends deux mois de vacances !*
- On utilise aussi, très souvent, la tournure **aller** + infinitif (le « futur proche »).
  - *Ce soir, on va dîner dehors et après, on va voir un film. D'accord ?*
- Pour indiquer qu'une action va se produire tout de suite, immédiatement, on utilise aussi : **être sur le point de...** + infinitif (le « futur imminent »).
  - *J'étais sur le point de partir quand le téléphone a sonné.*
- Assez souvent, dans les récits historiques, on emploie le présent à la place d'un temps du passé pour rendre les faits plus vivants, plus dramatiques :
  - *En 1432, Jeanne d'Arc meurt, brûlée à Rouen.*

Le futur proche

Tu vas partir ? – Oui, je vais faire un petit voyage.

Valeurs

- Le futur proche permet d'indiquer qu'une action est imminente.
- Avec une indication de temps, il peut signifier une action plus lointaine dans le futur.
  - *On va acheter une maison, l'année prochaine !*

Formation

- Le futur proche est composé de deux éléments : le verbe *aller* au présent + un verbe à l'infinitif qui correspond à l'action.
  - *– Tu vas partir ?*
  - *– Oui, je vais faire un petit voyage. Je pars avec Marc. On va visiter Rome.*
  - *– Vous allez dormir à l'hôtel ?*
  - *– Non, nous allons rester chez des amis de Marc. Ils vont venir nous chercher à la gare.*
  - *– Alors, bonnes vacances !*
  - *– Merci.*

Le futur simple

Quand nos enfants seront grands, nous vendrons notre maison et nous irons vivre au Japon !

Valeurs

- Le futur simple est utilisé pour parler des projets d'avenir.
- Il sert également à imaginer un futur plus ou moins lointain.

    Un jour, les livres n'existeront plus, les gens utiliseront seulement des ordinateurs !

Formation

- Le futur simple se contruit sur la base de l'infinitif. Si cet infinitif se termine par **e**, on le supprime :

Exemple : manger   lirͤ

- On ajoute ensuite les terminaisons :

Personnes	Infinitif	Terminaisons
Je		**ai**
Tu		**as**
Il/elle/on	manger	**a**
Nous		ons
Vous		ez
Ils/elles		**ont**

Personnes	Infinitif	Terminaisons
Je		**ai**
Tu		**as**
Il/elle/on	lir	**a**
Nous		ons
Vous		ez
Ils/elles		**ont**

Observez

La 1re personne du singulier, la 2e personne du singulier et les 3es personnes du singulier et du pluriel ont des **terminaisons** qui ressemblent au **verbe avoir au présent**.

ATTENTION !

De nombreux verbes (souvent des verbes importants) ne sont pas réguliers. Dans ce cas, on ne peut pas utiliser l'infinitif pour construire le futur simple mais **les terminaisons ne changent pas**.

Par exemple :

Avoir → j'**aur**ai	Faire → je **fer**ai	Tenir → je **tiendr**ai
Aller → j'**ir**ai	Falloir → il **faud**ra	Venir → je **viendr**ai
Devoir → je **devr**ai	Pouvoir → je **pourr**ai	Voir → je **verr**ai
Être → je **ser**ai	Savoir → je **saur**ai	Vouloir → je **voudr**ai

POUR ALLER PLUS LOIN

Le futur proche et le futur simple

- Le futur proche et le futur simple sont parfois utilisés dans la même phrase.
- Le futur simple est alors utilisé comme conséquence du futur proche.

    Tu vas dormir *tôt ce soir et demain* ***tu seras*** *en pleine forme !*

Valeur

- Le passé composé est utilisé pour parler d'événements ou d'actions dans le passé.

Formation

- Ce passé est composé de deux éléments : un auxiliaire + un participe passé.
- Dans la majorité des cas, l'auxiliaire est **avoir** mais pour certains verbes, il faut utiliser l'auxiliaire **être**.

■ L'auxiliaire avoir + participe passé

> – *J'ai dîné chez Laurent.*
> – *Tu as passé une bonne soirée ?*
> – *Oui, nous avons parlé du travail et des prochaines vacances et on a mangé des pâtes.*
> – *Son père a participé à la conversation ?*
> – *Non, il a dormi tout le temps.*
> – *Et sa mère ?*
> – *Elle a parlé un peu et après elle a regardé la télévision.*
> – *Et ses frères ?*
> – *Ils ont écouté de la musique dans leur chambre toute la soirée.*
> – *Et ses sœurs ?*
> – *Elles ont regardé la télévision avec leur mère.*

- Au passé composé, l'**auxiliaire** *avoir* est le verbe **avoir au présent,** il est suivi du verbe que vous voulez conjuguer, dans une forme qu'on appelle **le participe passé.**

Exemple : verbe **parler** → *j'ai parlé*

auxiliaire participe passé

- **Le participe passé ne s'accorde pas avec le sujet.**
- Le passé composé avec l'auxiliaire *avoir* concerne **la majorité des verbes.**

POUR ALLER PLUS LOIN

Quand le passé composé est utilisé avec un complément d'objet direct et que ce complément est placé avant le verbe, il y a un accord de ce complément avec le participe passé.

> *Elles ont regardé **la télévision**. Elles l'ont regardée.*
> *Nous avons fait **les exercices**. Nous les avons faits.*

→ Voir Pronoms COD, p. 36.

■ L'auxiliaire être + participe passé

1. Avec tous les verbes pronominaux

Je me suis levé.
Tu t'es habillée.
Il s'est douché.
Elle s'est maquillée.
Nous nous sommes disputés.
Vous vous êtes réveillés.
Ils se sont énervés.
Elles se sont ennuyées.

– Au passé composé, l'**auxiliaire *être*** est le verbe **être au présent**, il est suivi du verbe que vous voulez conjuguer, dans une forme qu'on appelle le **participe passé**.

Exemple : verbe **se lever** → *je me suis levé.*
auxiliaire participe passé

– **Le participe passé s'accorde avec le sujet.**

2. Avec 14 verbes

Je suis partie en vacances avec quelques amis. Nous sommes partis le 1ᵉʳ août et nous sommes rentrés le 16. Nous sommes allés à la montagne. Marie et Virginie sont montées jusqu'au sommet. Moi, je suis restée avec Thomas, Pierre et Élodie.

– Le passé composé avec l'auxiliaire *être* concerne **14 verbes** :

aller/venir	arriver/partir	(r)entrer/sortir
naître/mourir	passer/rester	monter/descendre
devenir	retourner	

– Au passé composé, l'**auxiliaire *être*** est le verbe **être au présent**, il est suivi du verbe que vous voulez conjuguer, dans une forme qu'on appelle le **participe passé**.

Exemple : verbe **partir** → *je suis parti.*
auxiliaire participe passé

– **Le participe passé s'accorde avec le sujet.**

ATTENTION !

Les verbes **entrer**, **sortir**, **passer**, **monter**, **descendre**, **retourner**, doivent être utilisés avec l'auxiliaire avoir quand ils sont suivis d'un **complément**.

*J'ai entré **la voiture** dans le garage.*
*Il a sorti **la voiture** du garage.*
*Elle a passé **un examen**.*
*Nous avons monté **nos valises** dans la chambre.*
*Ils ont descendu **les escaliers**.*
*Vous avez retourné **les crêpes**.*

Voici une petite liste de participes passés :

se terminent par -é	se terminent par -u	se terminent par -i	se terminent par -is	se terminent par -it	Cas particuliers
Aller : **allé** Habiter : **habité** Travailler : **travaillé** Parler : **parlé** etc.	Voir : **vu** Vouloir : **voulu** Boire : **bu** Croire : **cru** Recevoir : **reçu** Savoir : **su** Pouvoir : **pu** Vendre : **vendu** Connaître : **connu** Devoir : **dû** Descendre : **descendu** Entendre : **entendu** Lire : **lu** etc.	Finir : **fini** Choisir : **choisi**	Prendre : **pris** Apprendre : **appris** Comprendre : **compris** Mettre : **mis**	Faire : **fait** Écrire : **écrit** Dire : **dit** Conduire : **conduit**	Être : **été** Avoir : **eu** Offrir : **offert** Naître : **né** Mourir : **mort**

L'imparfait

Forme

- Sa forme est très régulière. Le radical se base sur la 1re personne du pluriel du présent (nous **voul**ons, nous **pouv**ons, nous **ten**ons, nous **sav**ons, nous **choisiss**ons, nous **étudi**ons…), et les terminaisons sont toujours les mêmes.

Radical + - ais, -ais, -ait, -ions, -iez, -aient

Exemples : *je voul-**ais** ; tu pouv-**ais** ; il ten-**ait** ; nous sav-**ions** ; vous choisiss-**iez** ; ils étudi-**aient**.*

ATTENTION ! **Avec les verbes en** -ier *(étudier, remercier, oublier, apprécier…)* **et en** -yer *(payer, essayer, essuyer, balayer…),* n'oubliez pas les deux i ou les **yi** :

*Avant, **nous étudiions** à Rome et **nous appréciions** beaucoup cette ville.*

*Maintenant nous payons avec une carte bleue mais avant **nous payions** tout par chèques ou en liquide.*

– ÊTRE : j'étais, tu étais, etc.

■ Valeurs et emplois de l'imparfait tout seul

- L'imparfait exprime quelque chose qui est en train de se dérouler dans le passé, sans limites précises : on ne sait pas (sauf par le contexte) quand l'action a commencé ni quand elle s'est terminée.

Il pleuvait fort sur la grand'route.

Elle cheminait sans parapluie… (Georges Brassens)

- On utilise l'imparfait avec une **valeur de temps** pour **décrire** ou **commenter** quelque chose :

> *Le lundi, c'était le jour de lessive : toutes les femmes **allaient** au lavoir même s'il faisait mauvais temps. Elles **passaient** des heures à laver, battre, rincer, tordre le linge. C'était un travail très fatigant mais elles **aimaient** bien ces jours-là car elles **pouvaient** retrouver les voisines et bavarder avec elles.*

- Ou encore pour exprimer **l'habitude, la répétition** dans le passé :

> *Enfant, il **allait** à l'école à pied. Six kilomètres aller, six kilomètres retour ! Tous les jours, il **partait** dès l'aube et **rentrait** à la nuit.*

- On utilise l'imparfait avec une **valeur de mode** pour exprimer une hypothèse, un désir… quelque chose d'irréel, avec si :

> *Ah ! si j'avais vingt ans, si j'étais riche et si j'étais plus beau.*

→ Voir Expression de l'hypothèse, p. 133

- Ou encore pour exprimer la politesse :

> *Pardon, madame, vous avez une minute ?*
> ***Je voulais** juste vous poser une toute petite question.*

▪ L'imparfait en relation avec le passé composé

	Passé composé		Présent
	//		//
Imparfait	Imparfait		Imparfait

- Le plus souvent, on rencontre l'imparfait et le passé composé ensemble. En effet, ces deux temps sont utilisés pour parler d'une action située dans le même moment du passé.
Ce qui les différencie, c'est **la manière de considérer cette action**.

- Le passé composé vient interrompre, briser une habitude exprimée à l'imparfait :

> *Avant, il **fumait** beaucoup. Mais en 1999, il **a épousé** une non-fumeuse et depuis ce jour-là, il ne fume plus du tout.*

- Le passé composé fait irruption dans un décor exprimé à l'imparfait. L'imparfait, c'est **une situation**, un cadre, un arrière-plan ; le passé composé, **un événement**, quelque chose de ponctuel qui arrive brusquement :

> *Dimanche, la plage **était** presque déserte, il faisait très chaud, quelques enfants **faisaient** des châteaux de sable, d'autres **se roulaient** dans les vagues…*
> *Et brusquement, **on a entendu** un coup de tonnerre et l'orage **a éclaté**.*

▪ Récapitulation

Observez ces quatre phrases. Toutes les quatre sont possibles (la dernière est plus rare) mais elles ne disent pas exactement la même chose.

Essayons de les expliquer :

> (1) *L'enfant **pleurait** quand sa mère **est arrivée** à la maison.*

→ Quand elle est arrivée, il était en train de pleurer. Depuis combien de temps ? On ne le sait pas.

> (2) *L'enfant **pleurait** quand sa mère **arrivait** à la maison.*

→ À chaque fois qu'elle arrivait, il se mettait à pleurer. Cela se répétait. Il y a, en plus, une relation de cause-conséquence.

(3) *L'enfant **a pleuré** quand sa mère **est arrivée** à la maison.*

→ Quand elle est arrivée, il s'est mis à pleurer. Une action (l'arrivée) a déclenché immédiatement une autre action (pleurer).

(4) *L'enfant **a pleuré** quand sa mère **arrivait** à la maison.*

→ Alors qu'elle était en train d'arriver, il s'est mis à pleurer ; il a commencé à pleurer avant qu'elle soit complètement arrivée.

Le plus-que-parfait

Forme

- On utilise l'auxiliaire ***avoir*** ou ***être*** à l'imparfait + le participe passé :
  *On m'a offert un livre mais **je l'avais** déjà **lu**.*
  *Je ne savais pas que tu **étais venu** à Paris l'année dernière.*
  *Quand je suis arrivé, **tu étais** déjà **parti**.*

Valeurs et emplois

- Le plus-que-parfait n'est jamais utilisé tout seul. Il exprime l'antériorité d'un fait par rapport à un autre, lui aussi dans le passé et qui peut être à l'imparfait ou au passé composé.

Plus-que-parfait	Passé composé	Présent
────────X────────	────────X────────	──//────────
Imparfait	Imparfait	Imparfait

  Il m'a enfin rapporté <u>hier</u> *les livres que **je lui avais prêtés*** <u>il y a trois mois</u>.*
  Quand j'étais *étudiant,* ***c'était*** *toujours la même chose, dès que le cours* ***était fini****, tous les étudiants **allaient** à la cafétéria.*

- Les deux actions sont dans le passé mais l'une précède l'autre (<u>d'abord</u>, le cours se termine ; <u>ensuite</u>, les étudiants vont à la cafétéria).

Le discours indirect et la condordance des temps

- Le discours indirect est utilisé pour rapporter les paroles de quelqu'un. Il existe deux cas :

1. Vous rapportez **immédiatement** des paroles : c'est le **discours indirect au présent**.
  – *Je suis fatiguée !*
  – *Qu'est-ce qu'elle dit ?*
  – *Elle dit qu'elle est fatiguée.*

2. Vous rapportez des paroles **après un certain temps** : c'est le **discours indirect au passé**. Dans ce cas, il existe un système de **concordance** entre le temps du discours direct et le temps du discours indirect.
  – *Je suis fatiguée !*
  – *Qu'est-ce qu'elle a dit ?*
  – *Elle a dit qu'elle était fatiguée.*

- Le discours indirect est composé de **deux parties** :
– Une partie qui introduit le discours indirect : on utilise des **verbes introducteurs** tels que *dire que, annoncer que, affirmer que,* etc. Ce verbe est au présent si vous rapportez immédiatement des paroles. Ce verbe est au passé si vous rapportez des paroles après un certain temps.
– Une partie qui reprend les informations données au discours direct.

$$\underbrace{\textit{Je suis fatiguée !}} \rightarrow \underbrace{\textbf{\textit{Elle dit qu'}}^{1}} \underbrace{\textit{elle est fatiguée}^{2}}.$$

| Discours direct | Verbe introducteur | discours rapporté au présent |

Discours indirect au présent

ATTENTION !

Quand plusieurs informations doivent être rapportées, il faut répéter **que** entre chaque nouvelle idée.
Je suis fatiguée et j'ai faim ! → **Elle dit qu'**elle est fatiguée **et qu'**elle a faim.

- Pour rapporter une question, le verbe introducteur est *demander* :
    ■ Avec une question totale (la réponse est *oui* ou *non*) → **demander si**.
    Tu veux un café ?
    Est-ce que tu veux un café ? } *Il demande **si** tu veux un café.*
    Veux-tu un café ?

    ■ Avec une question qui utilise *qu'est-ce que ?* → **demander ce que**.
    Qu'est-ce que tu veux ?
    Tu veux quoi ? } *Il demande **ce que** tu veux.*
    Que veux-tu ?

    ■ Pour toutes les autres questions, le mot interrogatif reste le même :
    *Vous vous appelez **comment** ?* → *Je demande **comment** vous vous appelez.*
    Où est-ce qu'elle habite ? → *Il demande **où** elle habite.*

ATTENTION !

Au discours indirect, le point d'interrogation (?) disparaît et l'inversion verbe/sujet n'est pas possible.
*Quand **pars-tu** ?* → *Elle demande quand **tu pars**.*

■ Le discours indirect au présent

    – *Tu viens ?*
    – *Comment ?*
    – *Je demande si tu viens.*

Le verbe introducteur est au présent.

- Le discours indirect utilise le même temps que le discours direct.

ATTENTION !

Avec l'impératif au discours direct, on utilise **de + infinitif**, au discours indirect.
    – *Sors !* → *Je te demande **de sortir**.*

Discours direct	Discours indirect	
	Verbe introducteur au présent	Paroles rapportées
Je vais bien. (présent)	*Elle dit qu'*	*elle va bien.* (présent)
Demain, nous irons au cinéma ! (futur simple)	*Il dit que*	*nous irons au cinéma demain.* (futur simple)
Tu as acheté du pain ? (passé composé)	*Je demande si*	*tu as acheté du pain.* (passé composé)
Mange ! (impératif)	*Je te demande de*	*manger.* (infinitif)

■ Le discours indirect au passé

> – *Quelqu'un a téléphoné pendant mon absence ?*
> – *Oui, Antoine a appelé. Il a dit qu'il était au supermarché et qu'il serait en retard pour le dîner.*

- Le verbe introducteur est au passé.

- Le discours indirect utilise un temps différent du discours direct.

> – *J'ai faim.* → *Elle a dit qu'elle avait faim.*

discours	verbe	discours
direct	introducteur	indirect
au présent	au passé	à l'imparfait

ATTENTION !

Avec l'impératif au discours direct, on utilise **de + infinitif**, au discours indirect.

> – *Sors !* → *Je t'ai demandé de sortir.*

Discours direct	Discours indirect	
	Verbe introducteur au passé	Paroles rapportées
Je vais bien. (présent)	*Elle a dit qu'*	*elle allait bien.* (imparfait)
Demain, nous irons au cinéma ! (futur simple)	*Il a dit que*	*nous irions au cinéma demain.* (conditionnel présent)
Nous partirons (futur simple) *quand il aura fini* (futur antérieur)	*Ils ont annoncé que*	*Nous partirions* (conditionnel présent) *quand il aurait fini* (conditionnel passé)
Tu as acheté du pain ? (passé composé)	*J'ai demandé si*	*tu avais acheté du pain.* (plus-que-parfait)
Mange ! (impératif)	*Je t'ai demandé de*	*manger.* (infinitif)

4 • Les modes autres que l'indicatif

– J'ai mal à la tête.
– Prends un médicament !
– Je suis fatigué.
– Repose-toi !
– J'ai faim.
– Mange !

Forme

- Pour former l'impératif, on utilise le **présent**, et on enlève le sujet.
- Il n'y a **jamais de pronom personnel sujet** devant un verbe à l'impératif.
  T̶u̶ prends un médicament !
- L'impératif existe seulement avec **trois personnes** : la 2ᵉ personne du singulier, la 1ʳᵉ personne du pluriel et la 2ᵉ personne du pluriel.
  Exemple : verbe *aller*
  Va *au cinéma !*
  Allons *au restaurant !*
  Allez *à la plage !*

ATTENTION !

- **Avec les verbes en -er**, le **s** disparaît à la 2ᵉ personne du singulier.
  – J'ai faim.
  – T̶u̶ manges → Mange !
- **Avec les verbes pronominaux** (verbes avec *se*), le pronom complément est placé après le verbe à la forme affirmative.
  N̶o̶u̶s̶ nous reposons → Reposons-nous !
- Avec la 2ᵉ personne du singulier, *te* devient *toi*.
  T̶u̶ te reposes → Repose-toi !

  te → toi

- À la forme négative, les pronoms sont **devant** le verbe à l'impératif.
  Repose-toi ! → Ne te repose pas !
  Levez-vous ! → Ne vous levez pas !
- Si l'impératif est suivi de **y** ou de **en**, on garde le **-s** (on fait la liaison pour des raisons d'euphonie) :
  – Je peux manger un peu de chocolat ? – Bien sûr, manges-en !
- Pour le verbe aller : **va !**
  Tu vas travailler → Va travailler ! mais *Tu y vas → Vas-y !*
- Les verbes **être**, **avoir**, **savoir** et **vouloir** sont particuliers.
  être   → **Sois sage ! Soyons à l'heure ! Soyez heureux !**

avoir → *Aie un peu de patience! Ayons du courage! Ayez pitié de nous!*

savoir → *Sache rester tranquille! Sachons garder notre calme! Sachez résister!*

vouloir est un cas à part : on utilise presque uniquement la 2ᵉ personne du pluriel ;

Veuillez m'excuser!

On emploie cette forme avec une **valeur d'ordre** : *Veuillez sortir immédiatement!* mais aussi très souvent à la fin des lettres pour les **formules de politesse**.

Veuillez croire à mes sentiments les meilleurs

Veuillez agréer mes salutations distinguées

Remarque : Il existe un impératif passé (verbe *être* ou *avoir* à l'impératif + participe passé). Il est assez rare, on l'utilise pour dire que quelque chose doit être fait avant quelque chose d'autre ou avant un moment précisé.

Sois rentré avant le retour de ton père, sinon, il sera furieux!

Valeurs et emplois

● L'impératif est utilisé pour donner un **ordre** ou une **interdiction**, faire une **suggestion**, donner un **conseil** ou exprimer un **souhait**.

Sortez immédiatement! (ordre)

Ne fumez pas près d'un poste à essence! (interdiction)

Va chez le médecin, ne reste pas comme ça! (conseil, suggestion)

Reviens vite! Ne m'oublie pas! (souhait)

Le conditionnel

● C'est à la fois **un temps** (le futur du passé) et **un mode**, le mode de l'éventualité, de l'imaginaire, du non-certain.

Le conditionnel a deux formes, une forme simple (présent) et une forme composée (passé).

Forme

La forme du conditionnel présent est facile à trouver à condition de connaître le futur : on prend le radical du futur et on ajoute les terminaisons de l'imparfait.

Exemples :

	FUTUR	CONDITIONNEL
venir	je viendr-ai tu viendr-as il viendr-a nous viendr-ons vous viendr-ez ils viendr-ont	je viendr-**ais** tu viendr-**ais** il viendr-**ait** nous viendr-**ions** vous viendr-**iez** ils viendr-**aient**
pouvoir	je pourr-ai tu pourr-as il pourr-a nous pourr-ons vous pourr-ez ils pourr-ont	je pourr-**ais** tu pourr-**ais** il pourr-**ait** nous pourr-**ions** vous pourr-**iez** ils pourr-**aient**

• La forme du conditionnel passé est également facile à trouver : **auxiliaire *être*** ou ***avoir* au conditionnel + participe passé :**

> *Je **serais venu** avec plaisir hier soir mais je ne pouvais pas.*
> *J'**aurais aimé** venir hier soir mais j'étais occupé.*

Valeurs et emplois

• Valeur de temps : le futur du passé

– Le conditionnel a une valeur de futur. Observez :

> *Je viendrai quand je pourrai.*
>
> *Il promet qu'il viendra quand il pourra.*
> (présent)   (futur)   (futur)
>
> *Hier, il **a promis** qu'il **viendrait** quand il **pourrait**.*
>   (passé)   (futur du passé)   (futur du passé)

→ Voir Concordance des temps p. 64.

– Quand le verbe principal qui introduit le discours indirect est à un temps du passé, le futur devient « futur dans le passé ».

– C'est la même chose avec le conditionnel passé :

> *Je viendrai quand j'aurai fini mon travail*
>
> *Il **promet** qu'il **viendra** quand il **aura fini** son travail.*
> (présent)   (futur)   (futur antérieur)
>
> *Hier, il **a promis** qu'il **viendrait** quand il **aurait fini** son travail.*
>   (passé)   (futur du passé)(futur antérieur du passé)

→ Voir Concordance des temps, p. 64.

• Valeurs de mode

– Le conditionnel peut exprimer **la politesse** :

> *Vous **pourriez** me dire l'heure, s'il vous plaît ?*

– **le désir, le souhait** (conditionnel présent) :

> *J'**irais** bien en Corse l'été prochain.*
>
> – *Ça te **dirait** d'aller au théâtre ce soir ?*
> – *Oui, ça me **dirait** bien. Bonne idée !*

– **le regret** (conditionnel passé) :

> *J'**aurais aimé** vivre au XVIIIe siècle.*

– **la suggestion** :

> *On **pourrait** dîner dehors ?*

– **le conseil** :

> *Tu **devrais** mettre un manteau, il fait froid aujourd'hui.*

– **la probabilité** :

> *Michel **pourrait** t'aider pour les mathématiques.*

– **une nouvelle non confirmée** (on donne l'information mais avec réserve : il faut la vérifier, elle n'est pas certaine) :

dans le présent ou dans l'avenir → conditionnel présent :

> *La situation économique des pays baltes **irait** beaucoup mieux, selon les experts.* (actuellement)
> *Les ministres européens du commerce **se réuniraient** à nouveau d'ici deux à trois semaines. (futur)*

dans le passé → conditionnel passé :

> *La pollution à Paris **aurait atteint** un niveau inquiétant il y a trois semaines.* (passé)

Le conditionnel dans les phrases avec si...

Trois cas :

> *Si j'avais un peu de temps demain, j'irais au cinéma.*

(C'est une hypothèse **possible** : j'aurai peut-être du temps).

> *Si j'étais toi, j'accepterais ce travail.*

(C'est une hypothèse **irréelle** : je ne serai jamais toi.)

> *Si j'avais su que tu étais là, je serais venu plus tôt.*

(C'est trop tard ! Je ne savais pas, donc je ne suis pas venu. C'est une hypothèse irréelle dans le passé.)

→ Voir Expression de l'hypothèse, p. 133

Le subjonctif

L'indicatif sert à exprimer des événements dans **le monde de la réalité**. Il existe à tous les temps, passé, présent et futur.

Le subjonctif est le mode de la subjectivité : l'interprétation d'un fait est plus importante que sa réalisation.

Forme

En français courant, on emploie seulement deux temps du subjonctif : **une forme simple**, le présent *(Téléphone-lui avant qu'elle parte)* et **une forme composée**, le passé *(Téléphone-lui avant qu'elle soit partie)*.

Le subjonctif n'est presque jamais tout seul, il est dans une proposition subordonnée introduite par **que**.

ATTENTION ! **Que** n'est pas toujours suivi d'un subjonctif !

> *Je pense que ce livre est très bien.*
> *Elle est sûre qu'il va l'appeler ce soir.*

■ Comment former le subjonctif présent ?

Pour trouver la forme du subjonctif, on part de la 3e personne du pluriel du présent de l'indicatif.

- Cela nous donne, phonétiquement, pour le subjonctif, les trois personnes du singulier *(je, tu, il/elle)* et la dernière du pluriel *(ils/elles)*. On prononce toujours ces quatre personnes exactement de la même façon.

Exemples :

Prendre ils prennent → que je prenne, que tu prenne, qu'il/elle prenne, qu'ils/elles prennent
(Phonétiquement, toujours [prɛn])

Tenir ils tiennent → que je tienne, que tu tiennes, qu'il/elle tienne, qu'ils/elles tiennent
(Phonétiquement, toujours [tiɛn])

Finir ils finissent → que je finisse, que tu finisses, qu'il/elle finisse, qu'ils/elles finissent
(Phonétiquement, toujours [finis])

Lire ils lisent → que je lise, que tu lises, qu'il/elle lise, qu'ils/elles lisent
(Phonétiquement, toujours [liz])

Écrire   ils écrivent → que j'écrive, que tu écrives, qu'il/elle écrive, qu'ils/elles écrivent (Phonétiquement, toujours [ekriv])

• Pour les 1re et 2e personnes du pluriel (*nous* et *vous*), c'est la même forme que l'imparfait :

Prendre   que nous prenions, que vous preniez
Tenir   que nous tenions, que vous teniez
Finir   que nous finissions, que vous finissiez
Lire   que nous lisions, que vous lisiez
Écrire   que nous écrivions, que vous écriviez

ATTENTION ! Quelques verbes, la plupart très courants, sont irréguliers.

Être : *que je sois, que tu sois, qu'il/elle soit, que nous soyons, que vous soyez, qu'ils/elles soient.*

Avoir : *que j'aie, que tu aies, qu'il/elle ait, que nous ayons, que vous ayez, qu'ils/elles aient.*

Aller : *que j'aille, que tu ailles, qu'il/elle aille,* **que nous allions, que vous alliez,** *qu'ils/elles aillent.*

Faire : *que je fasse, que tu fasses, qu'il/elle fasse, que nous fassions, que vous fassiez, qu'ils/elles fassent.*

Pouvoir : *que je puisse, que tu puisses, qu'il/elle puisse, que nous puissions, que vous puissiez, qu'ils/elles puissent.*

Savoir : *que je sache, que tu saches, qu'il/elle sache, que nous sachions, que vous sachiez, qu'ils/elles sachent.*

Vouloir : *que je veuille, que tu veuilles, qu'il/elle veuille,* **que nous voulions, que vous vouliez,** *qu'ils/elles veuillent.*

Remarque :
Vous remarquez que les verbes *aller* et *vouloir* ne sont pas entièrement irréguliers. Ils forment leurs 1re et 2e personnes du pluriel régulièrement, c'est-à-dire comme un imparfait.

Prononciation
– **ayons, ayez** se prononcent [ejɔ̃], [eje].
– **Attention** à la différence phonétique entre *avoir* : que j'aie [kəʒɛ] et *aller* : que j'aille [kəʒɑj].

■ Comment former le subjonctif passé ?

On utilise l'auxiliaire ***être*** ou ***avoir*** au subjonctif + participe passé.
>   *Je suis content **que tu aies pu** venir.*
>   *Je regrette **que vous soyez allés** en Italie sans moi l'année dernière.*

Valeurs et emplois du subjonctif
>   *Je regrette que tu partes si loin.*
>   *Je voudrais que tu sois toujours près de moi.*
>   *J'aimerais que tu m'écrives plus souvent.*
>   *Je serais très content que tu reviennes vite, vite, vite.*

On utilise le subjonctif surtout pour exprimer.

• **l'ordre, la volonté, le souhait :**
>   ***Il faut que** je parte à cinq heures.*
>   ***Je veux que** tu viennes avec nous.*
>   ***Je voudrais que** tu finisses ton travail.*
>   ***J'aimerais que** tu puisses m'accompagner.*

- **la surprise, le doute :**

    Ça m'étonne qu'elle soit absente.

    Je ne pense pas (je ne crois pas) qu'elle soit en vacances.

- ou encore **les sentiments :**

    Je regrette qu'il ne puisse pas venir.

    Je suis désolé qu'il soit malade.

    Elle était contente que son amie soit là.

    Il est furieux que ses voisins fassent du bruit toute la nuit.

ATTENTION ! Quand le sujet est le même dans les deux propositions, on utilise l'infinitif (précédé de de pour les expressions de sentiments).

Observez bien la différence :

Je veux partir.	*Je veux que **tu** partes.*
Je ne pense pas sortir.	*Je ne pense pas qu'il sorte.*
Il aimerait venir.	*Il aimerait que **vous** veniez.*
Elle est contente d'être ici.	*Elle est contente que **son fils** soit ici.*
Il regrette d'être parti.	*Il regrette que je sois parti(e).*

Le mode impersonnel

- Il est invariable, il ne porte aucune marque de personne ou de temps. C'est le verbe principal qui remplit ce rôle.

Observez

    *Il veut **venir**.*   *Il a voulu **venir**.*   *Il voudra **venir**.*

    *Gérard pleure **en partant**.*

    *Il a beaucoup pleuré **en partant**.*

    *Il pleurera aussi **en revenant**.*

■ L'infinitif

- C'est comme le « nom de famille » du verbe, c'est sous cette forme qu'on le trouve dans le dictionnaire.

Forme

- On classe généralement les infinitifs en **trois groupes** :
– terminaisons en -er (ex. : manger) ;
– terminaisons en -ir (ex. : bâtir, finir) ;
– autres terminaisons (-ir, -oir, -re, -dre…).

- **Il a deux temps :**
– **le présent** (comprendre, faire, écrire ; venir, aller, sortir…) ;
– **le passé** (avoir compris, avoir fait, avoir écrit ; être venu, être allé, être sorti…), qui se compose de l'auxiliaire *être* ou *avoir* à l'infinitif et du participe passé.

À la forme négative de l'infinitif présent, la négation est toujours placée avant le verbe.

    Ne pas fumer.   *Ne rien jeter dans les WC.*

À la forme négative de l'infinitif passé, la négation est placée aussi le plus souvent avant le verbe, mais pas toujours.

    Je n'ai rien vu. → *Il dit **ne rien** avoir vu* ou, plus rarement : *Il dit **n'avoir** rien vu.*

Valeurs et emplois

L'infinitif peut avoir une valeur de nom ou une valeur de verbe.

• Infinitif-nom

L'infinitif peut avoir différentes fonctions dans la phrase. Il peut être sujet, complément d'objet direct ou indirect, complément de nom ou d'adjectif, complément circonstanciel…

Observez ces phrases.

>**Protester,** *chez lui, est une vraie maladie !* (sujet)
>
>*Il adore* **protester** *même sans raison.* (COD)
>
>*Il a tout le temps envie de* **protester.** (COI)
>
>*Son besoin de* **protester** *le prend pour n'importe quel motif.* (C de nom)
>
>*Il est toujours prêt à* **protester.** (C d'adjectif)
>
>*Il ne se gêne pas pour* **protester** *en public.* (C de but)
>
>*Il ne reste pas une heure sans* **protester** *pour un oui pour un non.* (C de manière)
>
>*Parfois, il reconnaît ses torts après* **avoir protesté** *pour rien du tout.* (C de temps)
>
>*Un jour, il aura des ennuis pour* **avoir protesté** *une fois de trop.* (C de cause)

• Infinitif-verbe

L'infinitif à valeur de verbe peut être au centre de la phrase indépendante et exprimer :

– l'incertitude

>*Où* **trouver** *ce livre ?*
>
>*Que* **faire** *? Comment* **continuer** *?*

– l'ordre

>**Mettre** *la phrase à la forme négative.*
>
>**Accorder** *le sujet et le verbe.*
>
>**Souligner** *les pronoms relatifs.*

– ou l'interdiction

>**Ne pas laisser** *la porte ouverte.*
>
>**Ne rien oublier** *dans le train.*
>
>**Ne pas mettre** *de publicités dans la boîte aux lettres.*

C'est alors l'équivalent d'un impératif.

Le plus souvent, il est introduit par un autre verbe qu'on appelle « semi-auxiliaire » :

>*– Je voudrais bien* **partir** *mais hélas je ne peux pas* **quitter** *Paris en ce moment.*
>
>*– Tu ne sais pas* **te libérer,** *tu ne peux jamais* **trouver** *un moment !*

Rappel

• Lorsque les deux verbes ont le même sujet, attention !

>*Je voudrais bien que* **tu** *partes :* possible, il y a deux sujets différents.
>
>**Je voudrais bien que je parte :* impossible ! Le sujet est le même, l'infinitif est donc **obligatoire.** → *Je voudrais bien* **partir.**

• Il est souvent introduit par une préposition (à, de, pour, sans…).

>*Alors, tu es content* **d'aller** *à Rome ? Tu es prêt à partir ?*
>
>*Tu as emporté quelque chose* **pour manger** *en route ?*
>
>*Ne reste pas un mois* **sans nous écrire** *!*

■ Le participe présent et le gérondif

- Le participe présent (forme en **-ant**) est peu utilisé à l'oral mais assez souvent en français écrit. Il sert avant tout à former le gérondif (forme en : **en**… **-ant**) qui, lui, est très fréquent à l'oral et à l'écrit.

Forme du participe présent

On part de la première personne du pluriel du présent. On ajoute **-ant** au radical.
Exemples : Nous **aim**-ons → aim-ant ; Nous **finiss**-ons → finiss-ant
             Nous **lis**-ons → lis-ant ; Nous **écriv**-ons → écriv-ant

- **Forme du gérondif : en aimant, en finissant, en lisant, en écrivant…**

Attention, trois verbes font exception : être → en étant ; avoir → en ayant ; savoir → en sachant

Valeurs et emplois du gérondif

- Le gérondif s'utilise presque toujours en même temps qu'un autre verbe.
  *Il aime bien chanter **en prenant** son bain.* (c'est la même personne qui chante et qui prend son bain)
- **Valeur de temps** du gérondif : les deux actions sont simultanées.
  *On ne doit pas conduire **en utilisant** son téléphone portable : c'est très dangereux !*

À cette valeur de temps, s'ajoutent d'autres valeurs.

- **Valeur de cause**
  *Tu vois bien, **en travaillant** un peu, tu as réussi !* (= parce que tu as travaillé)
- **Valeur de moyen, de manière**
  – Je cherche un studio pas trop cher. C'est dur ! Je ne sais pas comment faire.
  *– **En lisant** les journaux spécialisés, **en mettant** une petite annonce à la boulangerie, **en allant** au service Logement Étudiant, tu trouveras quelque chose, c'est sûr !*
- **Valeur de condition**
  ***En mangeant** moins de sucre et moins de beurre, tu maigriras. (= si tu manges…)*

5 • Les formes du verbe

Forme active/Forme passive

Observez ces deux phrases :

> *Le jeune Lucas Fournier **obtient** le premier prix de piano.*
> *Le premier prix de piano **est obtenu** par le jeune Lucas Fournier.*

Et celles-ci :

> *Le jury **a pris** sa décision à l'unanimité.*
> *La décision **a été prise** à l'unanimité par le jury.*

Vous constatez que l'information est la même mais que le fait, l'événement est considéré d'un autre point de vue.

Forme

Quels sont les changements quand on passe de la forme active à la forme passive ?

- Le sujet de la phrase active (ici, *Lucas Fournier*, par exemple) devient le complément d'agent dans la phrase passive. Il est introduit par par ou plus rarement par de.
- Le complément d'objet direct de la phrase active (ici, *le premier prix de piano*) devient le sujet de la phrase passive.
- Le verbe « actif » devient « passif » : auxiliaire *être* + participe passé (ici, *est obtenu*).

ATTENTION !

Seuls les verbes qui se construisent avec un complément d'objet direct (les verbes transitifs directs) peuvent être mis à la forme passive, sauf les verbes :

avoir, posséder
mesurer *(Il mesure 1,85 m)*, **peser** *(Il pèse 75 kilos).*
coûter/valoir *(Ce livre coûte/vaut 25 euros)*, **durer** *(La conférence a duré deux heures)…*
Vous remarquerez que tous ces verbes sont suivis d'un chiffre ou d'un nombre.

Remarque : Quand on passe de la forme active à la forme passive, le temps et le mode restent les mêmes : l'auxiliaire du passif est au même temps et au même mode que le verbe de la phrase active.

Observez

> *Lucas Fournier **obtient** le premier prix de piano.* (présent)
> *Le premier prix de piano **est obtenu** par Lucas Fournier.* (présent passif)

> *Le président **vient d'annoncer** la décision.* (passé immédiat)
> *La décision **vient d'être annoncée**.* (passé immédiat passif)

> *Le public **a applaudi** chaleureusement le jeune homme.* (passé composé)
> *Le jeune homme **a été applaudi** chaleureusement par le public.* (passé composé passif)

> *Le président de l'Académie de piano lui **remettra** son prix (1 000 euros) le 12 septembre.* (futur)
> *Son prix (1 000 euros) lui **sera remis** officiellement le 12 septembre par le président de l'Académie de piano.* (futur passif)

{ *Nous sommes très contents que le jury **choisisse** ce jeune homme.* (subjonctif présent)

*Nous sommes très contents que ce jeune homme **soit choisi** par le jury.* (subjonctif présent passif)

{ *Et surtout très heureux que le jury **ait pris** la décision à l'unanimité.* (subjonctif passé)

*Et surtout très heureux que la décision **ait été prise** à l'unanimité.* (subjonctif passé passif)

Remarque : on peut quelquefois utiliser la préposition **de** pour introduire le complément d'agent. Quand ?

Avec des verbes de sentiments : *être aimé de, être apprécié de, être respecté de, être détesté de…*

> *Ce professeur est très respecté **de tous les élèves**.*

Avec des verbes indiquant la situation dans l'espace ou le temps : *être précédé de, être suivi de, être accompagné de, être entouré de…*

> *Le Premier ministre était entouré **de tous les ministres**. Il était suivi **d'une foule de journalistes**.*

Dans ces deux cas, le **de** est plus élégant. Mais vous pouvez toujours, dans tous les cas, utiliser **par**.

Valeurs et emplois

Quand préférer la forme passive ?

- Quand on veut mettre en valeur l'objet direct de la phrase à la forme active.

Observez :

> *Soixante enfants **ont été intoxiqués** par des sardines.*

Les enfants sont plus importants que les sardines.

- Quand on ne veut pas ou quand on ne peut pas dire qui est le responsable de l'action.

Observez :

> *Deux mille euros **ont été volés** dans le secrétariat hier soir.*

Par qui ? Mystère !

POUR ALLER PLUS LOIN

Par… ou de… ?
On trouve quelquefois le complément d'agent précédé de la préposition **de** à la place de la préposition **par**…
– avec des verbes de sentiment : *être apprécié, être aimé, être estimé, être craint, être respecté **de**.*
> *Ce professeur est très apprécié **de ses étudiants**.*

– avec les verbes *savoir, connaître, oublier.*
> *Citizen Kane est un film connu **de tout le monde**.*

– avec certains verbes de description : *être précédé, être suivi, être accompagné, être entouré, être rempli **de**.*
> *Le Président est arrivé, accompagné **de plusieurs ministres**.*

Remarque :
Dans ces cas-là, on considère que **de** est plus élégant que **par**, mais n'oubliez pas que l'on peut toujours remplacer ce **de** par **par**.

La forme impersonnelle

- **On appelle forme impersonnelle une forme verbale qui utilise un sujet « il » qui ne correspond à aucune personne.**

    Il est tard.

Certaines expressions sont toujours utilisées à une forme impersonnelle.

- Les expressions relatives aux conditions climatiques.

    – Il pleut ? – Non, mais il fait froid.

- Il y a pour signaler la présence de choses ou de personnes dans un espace.

    Dans ma chambre, il y a un lit et une armoire.

→ Voir le point sur « Il y a », p. 105.

- Il est + l'heure.

    – Quelle heure est-il ?

    – Il est huit heures.

    – Oh ! Il est tard !

- Il faut + infinitif.

    Il est tard, il faut partir.

- Il faut que + subjonctif.

    Il faut que tu partes. Ton père a téléphoné.

- Il est + adjectif + de + infinitif (quelquefois, c'est est utilisé à la place de il est).

    Il est important de lire les journaux.

    C'est important de lire les journaux.

- Il est + adjectif + que + indicatif ou subjonctif (quelquefois, c'est est utilisé à la place de il est).

    Il est certain qu'il viendra.

    Il est inadmissible que tu ne sois pas informé.

- Il s'agit de (= c'est au sujet de).

    – Allô ? Pourrais-je parler à madame Lefort ?

    – C'est moi. De quoi s'agit-il ?

    – Il s'agit de votre voiture…

Certains verbes sont parfois utilisés à une forme impersonnelle mais la forme personnelle existe.

    Il se passe des choses étranges.

    Des choses étranges se passent.

Observez :

Il lave son frère.
(verbe : *laver*)

Il se lave.
(verbe pronominal : *se laver*)

- Les verbes pronominaux s'utilisent avec un pronom qui correspond à la même personne que le sujet du verbe.

  Je me lève à 6 heures tous les jours.

	Singulier	Pluriel
1re personne	*Je me lave, je m'habille.*	*Nous nous lavons, nous nous habillons.*
2e personne	*Tu te laves, tu t'habilles.*	*Vous vous lavez, vous vous habillez.*
3e personne	*Il se lave, il s'habille.*	*Ils se lavent, ils s'habillent.*
	Elle se lave, elle s'habille.	*Elles se lavent, elles s'habillent.*
	On se lave, on s'habille.	

- Au passé composé, l'auxiliaire est toujours **être**.

  Mais hier, je me suis levé à 5 heures.

- Il existe deux catégories de verbes pronominaux :

■ Les verbes pronominaux réfléchis

Le sujet fait l'action du verbe sur lui-même.

Tous les matins, elle se lève, elle se lave, elle s'habille et elle se maquille.

ATTENTION !
- **Au passé composé**, on fait l'accord avec le sujet si le verbe n'est pas suivi d'un <u>complément d'objet direct</u>.

  Elle s'est lavée (accord).

  *Elle s'est lavé <u>**les mains**</u>* (pas d'accord).

- **Avec l'impératif**, le pronom réfléchi se place après le verbe à la forme affirmative.

  Exemple : *se laver → lave-toi ! lavons-nous ! lavez-vous !*

■ Les verbes pronominaux réciproques

Les sujets agissent les uns sur les autres. Dans ce cas, le sujet est toujours au pluriel.

Paul et Marc se sont rencontrés il y a dix ans.

(Paul a rencontré Marc et Marc a rencontré Paul).

ATTENTION !
- **Au passé composé**, on fait l'accord avec le sujet si le verbe n'est pas suivi de la préposition à.

  Elles se sont rencontrées. **(rencontrer quelqu'un)**

  Elles se sont parlé. **(parler à quelqu'un)**

6 • La construction du verbe

On mentionnera d'abord certains verbes qui s'emploient tout seuls, sans compléments d'objet, sans infinitif, sans proposition complétive introduite par **que** ou par **si**.
Mais, bien sûr, il peuvent être suivis d'informations sur le lieu, le temps, la manière, la cause, etc.

Il pleut, il neige.   *Il neige très fort depuis deux jours.*
On part !   *On part à la montagne pendant les vacances de Noël.*
Je reste.   *Je reste à Paris parce que mon frère arrive de New-York.*
Il vient.   *Il vient du 24 au 31 décembre.*
Elle s'habille.   *Elle s'habille en trois minutes.*

Ces verbes sont rares : la plupart des verbes se construisent avec un nom ou un pronom, avec un adjectif ou avec un infinitif, ou encore avec une proposition.

■ Constructions avec un nom, un pronom complément d'objet ou un adjectif

• **Avec un nom ou un pronom complément d'objet direct (COD), sans préposition :**
    *Elle mange **une pomme**. Elle **la** mange avec plaisir.*
    *Il a vu **deux films**. Il **les** a vus tous les deux dans le même cinéma.*

    *– Tu vas chercher **les enfants** à l'école ?*
    *– Non, je n'ai pas le temps. Va **les** chercher !*

→ Voir Pronoms COD, p. 36.

• **Avec un nom ou un pronom complément d'objet indirect (COI), avec une préposition** (le plus souvent **à** ou **de**) :
    *Tu as téléphoné **à David** ?*   *Non, mais je **lui** ai écrit.*
    *J'ai envie **de vacances**.*   *Moi aussi, j'**en** ai vraiment besoin.*

→ Voir Pronoms COI, p. 38.

• **Les verbes construits avec deux noms ou pronoms compléments d'objet.**
Exemple : **donner quelque chose à quelqu'un** (verbe + COD + COI) : *donner, offrir, apporter, raconter, expliquer, proposer, envoyer, dire, écrire, lire, demander, répondre, prêter, rendre.*
    *Tu veux bien raconter **une histoire aux enfants** ? Moi, il faut que j'écrive **une lettre à ma mère**.*
    *Elle a donné **son bracelet à son amie Marion** et Marion **lui** a donné **le sien**.*

• **Les verbes construits avec un adjectif attribut** (*être, sembler, avoir l'air, devenir, rester, tomber…*).
    *Elle est **très jolie** mais elle semble **fatiguée**.*
    *Elle est tombée **malade** et elle est devenue **très maigre**.*

→ Voir Adjectifs qualificatifs, p. 29 à 31.

■ Constructions avec un infinitif

- **Directement, sans préposition** *(vouloir, souhaiter, espérer, pouvoir, devoir, savoir, voir, entendre…).*

    *Je voudrais **partir**. J'espère **pouvoir partir** jeudi.*
    *Elle peut **venir** avec nous ou elle doit **rester** à la maison ?*

- **Indirectement, avec une préposition** (à ou de le plus souvent).

    ■ Avec à : *commencer, apprendre, continuer, s'habituer, réussir, se mettre, se décider, penser, chercher.*
    *Elle commence **à apprendre** **à lire** mais elle ne réussit pas **à lire** très vite.*

    ■ Avec de : *finir, essayer, arrêter, avoir envie, avoir besoin, avoir peur, accepter, refuser, oublier, décider…*
    *Tu vas finir **de faire l'idiot** ! Essaie **de rester tranquille**, s'il te plaît !*

- **Avec un complément direct ou indirect, une préposition** (à ou de) **et un infinitif.**

    ■ Exemples avec **COD** + à + infinitif :
    Aider **quelqu'un à faire quelque chose.**
    Autoriser **quelqu'un à faire quelque chose.**

    *Tu peux aider **ton voisin à faire son exercice** ?*

    ■ Exemples avec **COD** + de + infinitif :
    Empêcher **quelqu'un de faire quelque chose.**
    Accuser **quelqu'un de faire quelque chose.**

    *Je ne peux pas empêcher **le bébé de pleurer**.*

    ■ Exemples avec **COI** + de + infinitif :
    Dire **à quelqu'un de faire quelque chose.**
    Permettre **à quelqu'un de faire quelque chose.**
    Conseiller **à quelqu'un de faire quelque chose.**

    *Vous permettez **à votre fils de sortir** le soir ?*
    *Je **vous** conseille **d'aller voir le médecin**, vous avez l'air fatigué.*

■ Constructions avec une proposition complétive (introduite par que) ou interrogative indirecte (introduite par si)

→ Voir Discours indirect, p. 62.

- **Proposition complétive (introduite par que) :**

    – *Le professeur dit **que** le travail doit être fini demain.*
    – *Je trouve **qu'**il exagère ! Je ne pense pas **que** nous ayons le temps de tout finir.*
    – *Lui, il pense **qu'**on a le temps ! Il veut **que** tout soit fini demain !*

ATTENTION AU MODE DE LA PROPOSITION COMPLÉTIVE

Observez :
*Il écrit **que** sa sœur arrivera demain et il ajoute **qu'**elle voudrait **qu'**on vienne la chercher à l'aéroport.*

On emploie l'**indicatif** quand le verbe exprime **la déclaration, l'opinion, la certitude.**
*Je suis sûr **qu'elle est venue**, je sais bien **qu'elle est là**.*

On emploie le **subjonctif** quand le verbe exprime **l'ordre, la volonté, l'obligation, le doute, un sentiment.**
*Je voudrais **que tu viennes**, il faut **que tu sois là**, je serais heureux **que tu viennes**.*
*Je ne crois pas **qu'elle puisse** venir.*

→ Voir Subjonctif, p. 68.

• Interrogative indirecte (introduite par SI) :

→ Voir Discours indirect, p. 63.

*Tu m'aimes ? Je voudrais savoir **si tu m'aimes**.*
*Vous venez ? Alors ? Répondez ! Je vous demande **si vous venez**.*

ATTENTION À LA DIFFÉRENCE :

*Il demande **si tu viens**.* (question) et *Il demande **que tu viennes** !* (ordre)

Remarque : Certains verbes ont plusieurs constructions. Observez, par exemple, les différentes constructions du verbe **écrire** :

Il écrit. (= il est écrivain)
Il écrit un roman.
Il écrit à son éditeur.
Il écrit une lettre désespérée à son éditeur.
Il écrit à son éditeur de lui envoyer de l'argent.
Il écrit à son éditeur que tout va bien, que le livre avance mais qu'il n'a plus un sou !

3 LES MOTS INVARIABLES

1 • Les prépositions

• Une préposition est un mot *(à, de, par, sur, contre, sans, avec...)* ou un groupe de mots *(grâce à, au dessus de, à l'intérieur de, à partir de, au lieu de, à l'aide de...)*. La préposition est invariable et introduit un **nom**, un **pronom**, un **adjectif** ou un **verbe**.

• La préposition sert à exprimer diverses relations :
– Possession : *C'est la bicyclette **de** Valentin.*
– Lieu : *Tu viens **chez** moi ? Il arrive **de** Rome.*
– Temps : *Il arrive **dans** trois jours.*
– Utilisation : *un pantalon **de** ski.*
– Matière : *une veste **en** cuir.*
– etc.

à, de, en

Les prépositions les plus fréquentes sont : à, de, en.

■ La préposition à

• Elle peut être **complément d'un verbe** :
> *Ah, je commence **à** comprendre !*
> *Ils jouent **au** foot.*

• **Complément d'un adjectif** :
> *C'est facile **à** dire mais difficile **à** faire.*

ATTENTION !   *Ce travail est facile à comprendre.*
Mais :   *Il est facile **de** comprendre ce travail.*

• **Complément d'un adverbe** :
> *Je n'ai rien **à** ajouter.*
> *Il y aurait beaucoup **à** dire !*

• **Complément d'un nom avec une idée d'utilisation**, d'emploi :
> *Une machine **à** laver, une machine **à** café, une machine **à** coudre, une assiette **à** soupe...*

• **Complément d'un nom avec une idée de description** :
> *La fille **aux** yeux d'or, le garçon **aux** cheveux verts, l'homme **à** l'oreille cassée...*

• Elle peut aussi indiquer **une idée de lieu** :
> *Il habite **à** Venise l'hiver et **à** Milan l'été.*
> *On va **à** la piscine ou on reste **à** la maison ?*

ATTENTION !
> *On va **au** restaurant* mais *on va **chez** moi, on va **chez** Oscar, on va **chez** ton frère.* (**chez** + personne)

- Ou encore **une idée de distance** :

    Marseille est à 800 km de Paris.

    En T.G.V., Marseille est à trois heures de Paris.

- **Une idée de temps** :

    Elle est rentrée à midi, moi, je sors du travail à cinq heures.

- **Une idée de manière :**

    Un travail fait à la va-vite, une entrecôte à la bordelaise, du riz à l'indienne…

- **Une idée d'accompagnement :**

    Une poule au riz, une tarte aux pommes, une tarte à l'ananas…

Rappel : à + le(s) + nom → au(x) + nom

■ La préposition de

- Elle peut être **complément d'un verbe** :

    Tu as fini de travailler ?

    Il joue du piano ou de la guitare ?

- **Complément d'un adverbe :**

    Il y a beaucoup de brouillard, un peu de pluie, pas mal de vent.

- **Complément d'un adjectif :**

    Il est content de son travail, furieux de ses résultats, étonné de son succès, amoureux de sa voisine…

- **Complément de nom :**
– Avec une idée de relation : *C'est le fils des voisins.*
– Une idée de possession : *C'est la poupée de Margot. La bicyclette de son frère.*
– Une idée de contenu : *Un verre de vin blanc ou une coupe de champagne ?*
– Une idée de quantité : *un kilo de tomates, une boîte de haricots, un litre de lait.*
– Une idée de mesure, de poids : *200 grammes de champignons.*
– Une idée de matière : *Il a obtenu une médaille d'or à la Foire aux Vins de Dijon. Un manteau de fourrure, une peau de pêche.*
– Une idée de caractéristique : *Un homme de grande taille, une femme de génie, un livre de valeur, une décision de bon sens.*
Rappel : de + le(s) + nom → du, des

- Elle peut aussi indiquer **une idée de lieu** (d'origine) :

    Il arrive de Tokyo, il est originaire du Brésil.

- **De moyen, de manière** :

    Il répondit d'un air gêné, de façon peu claire.

- **De mesure** :

    En quatre mois, le bébé a grandi de 5 centimètres et a grossi de 3 kilos.

Remarque : **de… à…** marque la distance, les limites, entre deux éléments :

    Ce matin, j'ai cours de huit heures à midi.

    ***De** Lille **à** Paris, il y a environ 200 kms.*

    C'était un homme de vingt-cinq à trente ans.

■ La préposition en

• Devant un nom, elle exprime **le lieu où l'on est** ou **le lieu où l'on va** :

*J'habite **en** Écosse mais je vais **en** Italie chaque année.*

Pour les noms de pays et les prépositions, → Voir p. 18.

• **Le mode de transport :**

*– J'adore voyager **en** avion. Et vous ?*
*– Moi, j'ai peur de l'avion ; je préfère voyager **en** train, **en** bus, **en** voiture.*
*Ou, pourquoi pas, **à** pied, **à** bicyclette, **à** cheval ou **à** dos de chameau.*

(espace fermé → **en** ; espace ouvert → **à**)

• **L'idée de temps :**

En janvier, vive les soldes ! On se met au régime.
En février, on prend une semaine pour aller au ski.
En mars, il pleut beaucoup. On rêve des Caraïbes.
En avril, c'est Pâques, on cache les chocolats dans le jardin.
En mai, Festival de Cannes. Hum… ça sent l'été qui arrive !
En juin, on prépare ses examens.
En juillet, vive les soldes (encore !) et les vacances.
En août, chut !, silence, ne pas déranger ! On bronze !
En septembre, c'est la rentrée des classes.
En octobre, on ramasse des champignons.
En novembre, c'est le mois de la photo. Il pleut ! Il pleut !
En décembre, on prépare Noël, on se casse la tête pour trouver des idées de cadeaux.

• **L'idée de durée limitée :** [_____]

*Il a fait son travail **en** deux heures.*

• **L'idée de matière :**

*Une chemise **en** soie, des jouets **en** bois, une bague **en** or.*

Les autres prépositions

■ Quelques autres prépositions fréquentes

ATTENTION ! Ces prépositions sont classées par ordre alphabétique et non par ordre de fréquence.

Avec exprime

• une idée **d'accompagnement** :

*Je vais au théâtre **avec** Marie et sa sœur.*
*Vous voulez votre steak **avec** des frites ou **avec** des haricots ?*

• **de manière :**

*Il a répondu **avec** clarté à toutes les questions.*

• **de moyen :**

Avec un autocuiseur, on gagne du temps.

• **de condition :**

Avec un pantalon noir, ton pull sera mieux.

Contre exprime

- une **idée d'opposition** :

    *Il faut se battre **contre** l'injustice !*

- **de proximité** :

    *Reste là, **contre** moi, bien au chaud.*

- **d'échange** :

    *Je t'échange ta montre **contre** mon stylo. D'accord ?*

Dans exprime

- une idée **de lieu concret** :

    *Elle est **dans** le jardin ou **dans** sa chambre ?*

- **de lieu abstrait** :

    *Je nage **dans** le bonheur !*

- **de temps** (futur) :

    *Nous arriverons **dans** huit jours.*

- **de durée** :

    ***Dans** son enfance, elle avait peur de tout !*

Par exprime

- une **idée de passage** :

    *Pour aller chez Henri, tu passes **par** l'autoroute ou **par** des petites routes ?*
    *Regarde **par** la fenêtre pour voir si ton père arrive.*

- **de quantité** :

    *Pendant la guerre de 1914-1918, les soldats sont morts **par** millions.*

- **de distribution** :

    *Mettez-vous en rang deux **par** deux.*
    *Elle va chez le coiffeur deux fois **par** semaine.*

- **de cause** :

    – Tu as fait exprès ?
    *– Non j'ai fait ça **par** inattention, **par** erreur, **par** maladresse.*

Rappel : dans les phrases passives, par introduit le complément d'agent :

    *Ce livre d'Edgar Poe a été traduit **par** Baudelaire.*

Pour exprime

- une **idée de but** :

    *Il joue **pour** gagner, jamais **pour** le plaisir.*

- **de cause** :

    *En janvier, le bâtiment A sera fermé **pour** travaux.*

- **de goût, de sentiment** :

    *Il a une passion **pour** la cuisine thaï.*
    *J'ai beaucoup d'amitié **pour** lui.*

- **de durée** :

    *– Tu es là **pour** longtemps ?*
    *– Non, je ne suis venu que **pour** deux jours.*

- **de valeur, de prix** :

    *Je vous donne ce livre **pour** vingt euros.*

Sans exprime

- **une idée de manque :**

  *C'était un voyageur **sans** bagage, un homme banal, **sans** rien de spécial, **sans** barbe ni moustache ni lunettes...*

- **de condition :**

  __Sans__ toi, je suis perdue, tu le sais bien !

Sur exprime une idée

- **de lieu :**

  *Pose les paquets **sur** la table et les livres **sur** le bureau.*
  *On va se promener **sur** les quais ?*

- **de relation entre deux quantités :**

  *Ma chambre mesure 3 mètres **sur** 4.*
  __Sur__ trente étudiants, dix sont malades.

- **proche de « *concernant* », « *à propos de* » :**

  *Que savez-vous **sur** cet homme ?* (= à propos de cet homme)
  *Je suis d'accord **sur** tout ce que tu as dit.* (= concernant tout ce que tu as dit)

REMARQUE : On confond souvent certaines prépositions. Distinguez bien :

En et dans

  *– On va à Versailles **en** voiture ou **en** train ?* (= mode de transport)
  *– Zut ! J'ai oublié mon sac **dans** le train !* (= à l'intérieur du train)
  *– Il a fait son tableau **en** deux jours.* (Il a mis deux jours pour faire son tableau.)
  *– Il va terminer son tableau bientôt, **dans** deux ou trois jours.* (idée de futur)

Pour et par

  *Il a tué son voisin **par** accident.* (= manière)
  *Il a tué son voisin **pour** cent euros.* (= but)

Vers et envers

  *Le bus se dirige **vers** la place de la République.* (en direction de)
  *Il a toujours été adorable **envers** nous.* (à notre égard, pour nous)

Entre et parmi

  *Installe-toi **entre** Danny et René.* (deux personnes)
  *Elle habite **entre** Marseille et Aix.* (deux villes)
  __Parmi__ tous les écrivains français, mon préféré, c'est Proust. (parmi suppose toujours plus de deux éléments)

2 • Les adverbes

Elle m'aime un peu,
beaucoup,
passionnément,
à la folie,
pas du tout.

L'adverbe sert à modifier le sens d'un verbe, d'un adjectif ou d'un autre adverbe. Il apporte une précision, une nuance. Il est invariable.

> *Il fait froid.*
> *Il fait **très** froid.*
> *Il fait **vraiment très** froid.*
> *Il fait **vraiment très** froid **aujourd'hui**.*

Formes

Il existe différents types d'adverbes : **des adverbes simples** (*très, trop, peu, vite, bien, mal, tôt, tard, plus, moins*, etc.), **des adverbes complexes** (*c'est-à-dire, tout à fait, au fur et à mesure, par hasard*, etc.), **des adverbes dérivés d'un adjectif**.

Dans ce dernier cas, généralement, on ajoute -*ment* à l'adjectif féminin :
Naturel, naturelle → naturelle**ment**
Général, générale → générale**ment**
Sûr, sûre → sûre**ment**

Il y a quelques exceptions : profond**é**ment, précis**é**ment…

ATTENTION ! Si l'adjectif se termine par **i**, **é** ou **u**, observez :
Vrai, vraie mais **vraiment**   *Il est **vraiment** charmant !*
Poli, polie mais **poliment**   *Parle-moi **poliment**, s'il te plaît !*
Éperdu, éperdue mais **éperdument**   *Il l'aime **éperdument**, comme un fou.*
Assidu, assidue mais **assidûment**   *Les étudiants ont travaillé **assidûment**.*

ATTENTION ! gai, gaie → **gaiement**.

ATTENTION ! À certains adverbes irréguliers.
Gentil, gentille mais **gentiment**
> *Elle lui a répondu très **gentiment**.*

Bref, brève mais **brièvement**
> *Commentez **brièvement** (4 ou 5 lignes) ce texte.*

ATTENTION !
Dernièrement signifie : récemment, il y a peu de temps.
> – *Je n'ai aucune nouvelle de Frédéric. Et toi ?*
> – *Si, moi, je l'ai vu **dernièrement**, il va bien.*

Remarque : les adverbes terminés en -*amment* et -*emment*.

• Il faut remarquer avant tout que ces deux terminaisons se prononcent *exactement* de la même façon : [amã]. Seule l'orthographe change.

- Si l'adjectif est en **-ant**, l'adverbe est en **-amment**.
Méch**ant** → méch**amment**
Const**ant** → const**amment**
Cour**ant** → cour**amment**

- Si l'adjectif est en **-ent**, l'adverbe est en **-emment**.
Réc**ent** → réc**emment**
Prud**ent** → prud**emment**
Évid**ent** → évid**emment**
Intellig**ent** → intellig**emment**

- Mais **attention**, les adjectifs terminés en **-ant** ou **-ent** n'ont pas tous l'adverbe en **-amment** ou **-emment** correspondant (lent → lentement ; charmant → d'une manière charmante).

- **Certains adjectifs fonctionnent comme des adverbes** (et sont donc invariables) :
    *Ils travaillent **dur**. (= beaucoup)*
    *Elles chantent **juste**, elles chantent **faux**.*
    *Ils sentent **bon**, ils sentent **mauvais**.*
    *Ne criez pas si **fort**, parlez plus **bas**.*
    *Les appartements à Londres coûtent **cher**.*

Valeurs et emplois

■ Adverbes de manière

- Ce sont les plus nombreux. Par exemple, la plupart des adverbes terminés en **-ment** sont des adverbes de manière. Ils répondent à la question : Comment… ?
    – Il travaille comment ?
    *– Il travaille **bien, vite, sérieusement, assidûment, efficacement, intelligemment, remarquablement**…*

    – Comment avez -vous trouvé ce studio ?
    *– Presque **par hasard**. Je cherchais **en vain** depuis des semaines et j'étais **vraiment** découragé. Et un jour où **justement** j'étais **particulièrement** fatigué de chercher, un ami m'a **gentiment** signalé que le studio à côté du sien était libre. Et voilà !*

- Ils peuvent exprimer :
– Une manière d'être : *Il vit **modestement, pauvrement**.*
– Une manière de faire : *Je vous aiderai **volontiers**.*

■ Adverbes de temps

- Ils donnent une indication temporelle. Ils répondent à la question : Quand… ?
    *Mon frère est arrivé **hier** et il repart **après-demain**. **Avant**, quand il venait, il restait plus **longtemps** mais **maintenant**, il reste **rarement** plus de deux ou trois jours. **Parfois**, il repart même dès **le lendemain**.*

- La place de ces adverbes est mobile :
    *Je l'ai rencontré **souvent**, Je l'ai **souvent** rencontré, **Souvent** je l'ai rencontré.*

ATTENTION ! Ne confondez pas *en ce moment* (= maintenant) et *à ce moment-là* (indiquant un passé ou un futur).
    – Qu'est-ce que tu fais en ce moment ?
    – Je travaille.

    – En 2010, où serez-vous ? Que ferez-vous ?
    – Oh, à ce moment-là, je serai certainement au Canada, marié et père de famille.

■ Adverbes de lieu

- Ils donnent une indication en ce qui concerne l'espace, la localisation.

   *Je sais comment je vais installer mon studio. **Ici**, je vais mettre le lit. **Au-dessus**, une reproduction de Léonard de Vinci. **En face, là**, contre le mur, un bureau avec, de chaque côté, une petite bibliothèque. Dans la cuisine, une table et deux chaises, un bloc avec une plaque électrique et **dessous**, un petit lave-vaisselle. Dans le coin, **là-bas, à gauche**, une armoire...*

■ Adverbes de quantité

- Ils expriment une quantité indéterminée :

   *– Tu as **assez** mangé ? Tu ne veux pas manger **davantage** ? En ce moment, tu manges **très peu**. Tu es malade ?*

   *– Mais non, j'ai **beaucoup** mangé, presque **trop** !*

- Certains adverbes de quantité modifient un verbe : ***beaucoup, autant, davantage**.*

   *– Je t'aime **tant** !*

   *– Moi aussi, je t'aime **beaucoup**.*

- D'autres adverbes modifient un adjectif ou un autre adverbe : ***très, trop, si, tout**.*

   *Il est **très** content de ses résultats.*

   *Ses amis aussi sont **tout** contents pour lui !*

   *Il a travaillé **si** sérieusement que cette réussite est méritée.*

   *Il conduit **très** vite, il conduit même **trop** vite !*

- Certains adverbes peuvent modifier aussi bien le verbe que l'adjectif ou l'adverbe : ***moins, plus, assez, tellement**.*

   *Il s'entraîne **tellement** ! – Il est **tellement** rapide – Il court **tellement** vite*

- Certains adverbes modifient le nom : ***plus de, moins de, assez de, un peu de, beaucoup de, trop de, tant de, tellement de**.*

   *À six heures du soir, il y a **beaucoup de monde** dans le métro.*

   *Quelquefois, il y a **tant de gens** que le métro est vraiment archi-plein !*

   *Au mois d'août à Paris, il y a **plus de touristes** que de Parisiens.*

   → Voir Expression de la comparaison, p. 120.

■ Adverbes d'affirmation, de négation, de probabilité

- Ce sont : **oui, non, peut-être, sans doute, certainement, bien sûr, évidemment.**

   – Tu vas faire du ski à Noël ?

   *– **Peut-être**, je ne sais pas. Et toi ?*

   *– **Bien sûr**, comme chaque année.*

   – Tu pars avec Marine ?

   *– **Évidemment** ! Quelle question !*

ATTENTION ! **Sans doute** signifie *peut-être, probablement*. Si vous voulez dire qu'il n'y a pas de doute, dites : *sans aucun doute*.

■ Adverbes qui servent à relier deux phrases ou deux propositions, qui permettent de marquer les différentes étapes d'un raisonnement, de structurer un texte : *d'abord, ensuite, et puis, enfin...*

Je crois que je vais rester à Marseille pendant les vacances. **D'abord,** *j'a[i]
un travail à terminer.* **Ensuite,** *je voudrais repeindre la cuisine.* **Et puis,**
partir en vacances, c'est cher.
Et **enfin,** *Marseille l'été, c'est bien agréable : on a le soleil et la mer !*

■ Place de l'adverbe

• Quand l'adverbe modifie toute la phrase, sa place est mobile (le plus souvent au[
début ou à la fin de la phrase) :

Évidemment, tu es encore en retard !
Tu es encore en retard, évidemment !

• Quand il modifie un verbe *à la forme simple*, il est *après* le verbe :
Il habite **actuellement** *à Rome. Elle va* **souvent** *le voir. Ils restent* **ensembl[e]
deux ou trois jours.*

• Mais *à la forme composée*, il est souvent *entre l'auxiliaire et le participe* :
Il a **longtemps** *travaillé chez Fiat. Il m'en a* **souvent** *parlé.*
Elle a **déjà** *terminé son exercice et toi, tu n'as pas* **encore** *fini !*

• Quand il modifie un adjectif ou un adverbe, il est *avant*.
Il est **très** *beau, presque* **trop** *beau !*
Son travail est **vraiment très** *bien,* **absolument** *excellent.*

4 LES DIFFÉRENTS TYPES DE PHRASES

---

1 • La phrase négative

■ La négation avec « ne »

- En français, la négation est composée de deux parties : **ne** (ou **n'** + voyelle ou h muet)… + **autre partie de la négation.**
- À l'oral, le **ne** disparaît presque toujours, mais il est **obligatoire à l'écrit.**
- La négation la plus courante est **ne**… **pas.**

   *Je **ne** travaille **pas.***

Remarque : Avec un article indéfini ou un article partitif, **pas** est suivi de **de** + **nom**.
   *Tu veux un café ? Non, merci. Je **ne** bois **pas** de café.*

- **Ne… pas encore** signifie qu'une action n'a pas lieu au moment où l'on parle mais va avoir lieu dans le futur.

   *Tu as <u>déjà</u> mangé ? Non, je **n'**ai **pas encore mangé**. On déjeune ensemble ?*

- **Ne… plus** signifie qu'une action a eu lieu dans le passé mais est terminée au moment où l'on parle.

   *Tu fumes <u>toujours</u> ? Je **ne** fume **plus** (j'ai arrêté de fumer).*
   *Tu veux <u>encore</u> du thé ? Non, merci. Je **n'**en veux **plus**.*

Remarque : Avec un article indéfini ou un article partitif, **plus** est suivi de **de** + **nom**.
   *Tu veux un café ? Non, merci. Je **ne** bois **plus** de café.*

- **Ne… jamais** marque le degré zéro de la fréquence.

   *Elle **ne** regarde **jamais** la télévision (pas une seule fois).*

Remarque : Avec un article indéfini ou un article partitif, **jamais** est suivi de **de** + **nom**.
   *Tu veux un café ? Non, merci. Je **ne** bois **jamais** de café.*

- **Ne… rien** marque le degré zéro de la quantité.

   *Tu **ne** manges **rien** ? Non, je n'ai pas faim.*

Remarque 1 : Cette négation n'est **jamais suivie d'un nom**.
   *Tu veux un café ? Non, merci. Je **ne** veux **rien**. (pas de café, pas d'eau, pas de thé, etc..).*

Remarque 2 : Rien peut être sujet de la phrase.
   *Tu crois qu'elle viendra ? **Rien n'**est impossible !*

Remarque 3 : Rien peut suivre une préposition.
   *Cette voiture **ne** sert **à rien** ! Elle est totalement inutile !*

- **Ne… aucun** marque aussi le degré zéro de quantité, mais il **concerne toujours un nom** (ou un pronom). **Aucun** est toujours singulier mais s'accorde avec le nom (masculin ou féminin).

   *Tu as des animaux ? Non, je **n'**ai **aucun** animal. (= je n'en ai aucun)*
   *Tu as des photographies de ta famille ? Non, je **n'**ai **aucune** photo. (= je n'en ai aucune)*

Remarque : aucun + nom peut être sujet de la phrase.

Aucun animal n'est accepté. Merci de votre compréhension.

- Ne... **personne** marque l'absence d'individus.

*Elle voit ses amis ? Non, elle **ne** voit **personne**. Elle préfère rester seule.*

Remarque 1 : Personne peut être sujet de la phrase.

Personne ne peut lui parler. Elle est vraiment sauvage !

Remarque 2 : Personne peut suivre une préposition.

*Ils **ne** parlent **à personne** !*

- Ne... **nulle part** marque l'absence de lieu.

*Où est-ce que vous allez ? Nous **n'**allons **nulle part** ! Nous restons à la maison.*

La place de la négation

Temps simple	Semi-auxiliaire + infinitif	Impératif	Temps composé
Je **ne** *mange* **pas**.	Je **ne** *veux* **pas** *manger*.	**Ne** *mange* **pas** !	Je **n'***ai* **pas** *mangé*.
Je **ne** *bois* **pas** de café.	Je **ne** *veux* **pas** *boire* de café.	**Ne** *bois* **pas** de café !	Je **n'***ai* **pas** *bu* de café.
Je **n'***ai* **pas encore** d'enfants.	Je **ne** *peux* **pas encore** *partir*.	**Ne** *pars* **pas encore** ! Attends un peu !	Je **n'***ai* **pas encore** *déjeuné*.
Je **ne** *mange* **plus**.	Je **ne** *veux* **plus** *manger*.	**Ne** *mange* **plus** !	Je **n'***ai* **plus** *mangé*.
Je **ne** *bois* **plus** de café.	Je **ne** *veux* **plus** *boire* de café.	**Ne** *bois* **plus** de café !	Je **n'***ai* **plus** *bu* de café.
Je **ne** *mange* **jamais**.	Je **ne** *veux* **jamais** *manger*.	**Ne** *mange* **jamais** !	Je **n'***ai* **jamais** *mangé*.
Je **ne** *bois* **jamais** de café.	Je **ne** *veux* **jamais** *boire* de café.	**Ne** *bois* **jamais** de café !	Je **n'***ai* **jamais** *bu* de café.
Je **ne** *mange* **rien**.	Je **ne** *veux* **rien** *manger*.	**Ne** *mange* **rien** !	Je **n'***ai* **rien** *mangé*.
Je **ne** *mange* **aucune** viande.	Je **ne** *veux* manger **aucune** *viande*.	**Ne** *mange* **aucune** viande !	Je **n'***ai* mangé **aucune** viande.
Je **ne** *vois* **personne**.	Je **ne** *veux* voir **personne**.	**Ne** *vois* **personne** !	Je **n'***ai* vu **personne**.
Je **ne** *vais* **nulle part**.	Je **ne** *veux* aller **nulle part**.	**Ne** *va* **nulle part** !	Je **ne** *suis* allé **nulle part**.

◼ La double négation

Quelquefois, la négation porte sur plusieurs éléments. Dans ce cas, pour éviter la répétition, on utilise **ne** et **ni** :

• Avec un nom précédé de l'article défini :

sujet + *ne* + verbe + *ni* + article défini + nom + *ni* + article défini + nom.

> *Il n'aime pas la poésie et il n'aime pas le théâtre.*
> *Il n'aime **ni** la poésie **ni** le théâtre.*

• Avec un nom précédé de l'article indéfini ou partitif :

sujet + *ne* + verbe + *ni* + nom + *ni* + nom.

> *Nous ne voulons pas de café*
> *et nous ne voulons pas de thé.*
> *Nous **ne** voulons **ni** café **ni** thé.*

• Avec des adjectifs : sujet + *ne* + verbe + *ni* + adjectif + *ni* + adjectif.

> *Elle n'est pas belle et elle n'est pas laide.*
> *Elle **n'**est **ni** belle **ni** laide.*

• Avec des adverbes : sujet + *ne* + verbe + *ni* + adverbe + *ni* + adverbe.

> *Vous ne travaillez pas sérieusement et vous ne travaillez pas rapidement.*
> *Vous **ne** travaillez **ni** sérieusement **ni** rapidement.*

■ Combinaison de négations

Il est possible de combiner des négations qui portent sur des éléments différents, par exemple la fréquence et la quantité :

> *Elle **ne** mange **jamais rien** le matin.*

• Ne... plus est combinable avec toutes les négations **sauf *pas***.

> *Elle **ne** mangera **plus jamais** de chocolat.*
> *Ils **ne** font **plus rien** depuis une semaine.*
> *Je **n'**ai **plus aucune** tasse. Je les ai toutes cassées.*
> *Elles **ne** voient **plus personne** depuis qu'elles ont déménagé.*
> *Nous **n'**irons **plus nulle part** tant que tu ne changeras pas d'attitude.*

• Ne... jamais est combinable avec toutes les négations **sauf *pas***.

> *Elle **ne** mangera **plus jamais** de chocolat.*
> *Ils **ne** feront **jamais rien** de bien.*
> *Je **ne** te fais **jamais aucun** reproche.*
> *Elles **ne** voient **jamais personne**.*
> *Nous **n'**allons **jamais nulle part** ! Moi, je veux sortir !*

• Ne... plus jamais sont combinables avec toutes les négations **sauf *pas***.

> *Elle **ne** mangera **plus jamais** de chocolat.*
> *Ils **ne** feront **plus jamais rien** de bien.*
> *Je **ne** te ferai **plus jamais aucun** reproche.*
> *Elles **ne** verront **plus jamais personne**.*
> *Nous **n'**irons **plus jamais nulle part** ! Moi, je veux sortir !*

La place des négations combinées

Temps simple	Semi-auxiliaire + infinitif	Impératif	Temps composé
Combinaison ne... plus + autre négation			
Je **ne** *mangerai* **plus jamais** de chocolat.	Je **ne** *veux* **plus jamais** *manger*.	**Ne** *mange* **plus jamais** de chocolat !	Je **n'***ai* **plus jamais** *mangé* de chocolat.
Il **ne** *mange* **plus rien**.	Il **ne** *veut* **plus rien** *manger*.	**Ne** *mange* **plus rien** !	Il **n'***a* **plus rien** *mangé*.
Elle **n'***a* **plus aucune** tasse.	Elle **ne** *veut* **plus** *acheter* **aucune** tasse.	**Ne** *prenez* **plus aucune** décision sans m'informer !	Elle **n'***a* **plus** *mangé* **aucun** gâteau.
Elles **ne** *voient* **plus personne**.	Elles **ne** *veulent* **plus** *voir* **personne**.	**Ne** *voyons* **plus** personne !	Elles **n'***ont* **plus** *vu* **personne**.
Nous **n'***allons* **plus nulle part**.	Nous **ne** *voulons* **plus** *aller* **nulle part**.	**N'***allez* **plus nulle part** !	Nous **ne** *sommes* **plus** *allés* **nulle part**.
Combinaison ne... jamais + autre négation			
Je **ne** *mangerai* **plus jamais** de chocolat.	Je **ne** *veux* **plus jamais** *manger*.	**Ne** *mange* **plus jamais** de chocolat !	Je **n'***ai* **plus jamais** *mangé* de chocolat.
Je **ne** *mange* **jamais rien** le matin.	Je **ne** *veux* **jamais rien** *boire* le matin.	**Ne** *bois* **jamais rien** le matin !	Je **n'***ai* **jamais rien** *bu* le matin.
Je **ne** *mange* **jamais aucune** viande.	Je **ne** *veux* **jamais** *manger* **aucune** viande.	**Ne** *mange* **jamais aucune** viande !	Je **n'***ai* **jamais** *mangé* **aucune** viande.
Je **ne** *vois* **jamais personne**.	Je **ne** *veux* **jamais** *voir* **personne**.	**Ne** *vois* **jamais** personne !	Je **n'***ai* **jamais** *vu* **personne**.
Je **ne** *vais* **jamais nulle part**.	Je **ne** *veux* **jamais** *aller* **nulle part**.	**Ne** *va* **jamais nulle part** !	Je **ne** *suis* **jamais** *allé* **nulle part**.
Combinaison ne... plus jamais (ou jamais plus) + autre négation			
Ils **ne** *feront* **plus jamais rien** de bien.	Elle **ne** *veut* **plus jamais rien** *faire* pour lui.	**Ne** *fais* **plus jamais rien** pour lui !	Il **n'***a* **plus jamais rien** *fait* pour moi.
Je **ne** *te* *ferai* **plus jamais aucun** reproche.	Je **ne** *veux* **plus jamais** *avoir* **aucun** contact avec lui.	**N'***aies* **plus jamais aucun** contact avec lui !	Je **n'***ai* **plus jamais** *eu* **aucun** contact avec lui.
Elles **ne** *verront* **plus jamais personne**.	Elles **ne** *veulent* **plus jamais** *voir* **personne**.	**Ne** *voyez* **plus jamais** personne !	Elles **n'***ont* **plus jamais** *voulu voir* **personne**.
Nous **n'***irons* **plus jamais nulle part** !	Nous **ne** *voulons* **plus jamais** *aller* **nulle part**.	**N'***allons* **plus jamais nulle part** !	Nous **ne** *sommes* **plus jamais** *allés* **nulle part**.

■ Réponses affirmatives et négatives

● Oui/non

Oui et *non* sont utilisés en réponse à des questions dont la formulation est affirmative :

> *Tu vas au cinéma aujourd'hui ? Non.*
> *Tu vas au théâtre demain ? Oui.*

● Si/non

Si et *non* sont utilisés en réponse à des questions dont la formulation est négative :

> *Tu ne vas pas au cinéma aujourd'hui ? Non, j'ai du travail.*
> *Tu ne vas pas au théâtre demain ? Si, j'y vais avec Paul.*

● Moi, aussi/moi, non plus

Moi aussi est utilisé en réponse à une affirmation. *Moi non plus* est utilisé en réponse à une négation :

> *– J'adore les fleurs.*
> *– Moi aussi. (J'adore aussi les fleurs)*
> *– Je n'aime pas les olives.*
> *– Moi non plus. (Je n'aime pas non plus les olives)*

● Moi, si/moi, non

Moi, si est utilisé en réponse à une phrase négative pour laquelle on n'est pas d'accord. *Moi, non* est utilisé en réponse à une phrase affirmative pour laquelle on n'est pas d'accord.

> *J'adore les fleurs.*
> *Moi, non. (Je n'aime pas les fleurs)*
> *Je n'aime pas les olives.*
> *Moi, si. (J'aime les olives)*

2 • La phrase restrictive : ne... que

- Pour marquer la restriction on emploie **seulement**, **juste** ou **ne... que**.

  *Je **n'**ai **que** 10 euros. (= j'ai **seulement** dix euros ; j'ai **juste** 10 euros)*

- Pour pouvoir utiliser la restriction, il faut obligatoirement un complément au verbe S'il n'y en a pas, on utilise le verbe *faire*.

  *Elle lit seulement. Elle **ne** fait **que** lire.*

- La place de **ne... que** :

  ■ Avec un temps simple : sujet + *ne* + verbe + *que*.

  *Il **ne** parle **que** deux langues.*

  ■ Avec un temps composé : sujet + *ne* + auxiliaire + participe passé + *que*.

  *Nous **n'**avons mangé **que** des légumes.*

  ■ Avec un semi-auxiliaire : sujet + *ne* + semi-auxiliaire + verbe à l'infiniti + *que*, si la restriction ne porte pas sur l'action du verbe à l'infinitif.

  *Je **ne** veux parler **qu'**un moment avec toi. (Juste un moment)*

  ■ Avec un semi-auxiliaire : sujet + *ne* + semi-auxiliaire + *que* + verbe à l'infinitif, si la restriction porte sur l'action du verbe à l'infinitif.

  *Je **ne** veux **que** parler avec toi. (Juste parler)*

  ■ Avec l'impératif : *ne* + impératif + *que*.

  *Ne prenez **qu'**un comprimé par jour !*

3 • La phrase interrogative

La phrase interrogative permet de poser une question. À l'écrit, elle se termine par un point d'interrogation (?). Il existe plusieurs manières de poser une question.

■ L'interrogation totale

Elle fait partie d'une catégorie de questions dont **la réponse est** *oui* ou *non*.

> *Vous aimez le café ?*

• L'interrogation totale peut être présentée sous **trois formes différentes**.

> ■ Une forme **simple** pour laquelle, à l'oral, une **intonation montante** est obligatoire.

> *Vous aimez le café ?*
> Sujet Verbe

> ■ Une forme avec « **est-ce que** ». C'est la plus utilisée. Si le sujet commence par une voyelle, on utilise « est-ce qu' ».
> *Est-ce que vous aimez le café ?*
> Est-ce que Sujet Verbe
> *Est-ce qu'il aime le café ?*

> ■ Une forme avec **inversion** du sujet et du verbe. C'est une formulation plus soutenue, plus élégante. Un tiret (–) est obligatoire entre le verbe et le sujet. Le sujet est obligatoirement un pronom personnel.
> *Aimez-vous le café ?*
> Verbe Sujet

ATTENTION !

• Si vous utilisez un nom propre avec l'inversion, il doit être placé avant le verbe et il faut utiliser un pronom personnel sujet après le verbe.

> *Pierre veut- il du café ?*
> Nom + Verbe + Pronom
> propre   sujet

• Si le verbe se termine par une voyelle et si le pronom sujet commence par une voyelle, un *t* est obligatoire entre les deux.

> *Aime-t-elle le café ?*

Remarque : Avec le verbe **pouvoir**, *peux* devient *puis*.

> *Puis-je avoir un café, s'il vous plaît ?*

■ L'interrogation partielle avec quel(l)(e)(s)

Elle fait partie d'une autre catégorie de questions dont la réponse est une information concernant un nom.

> *Quel âge avez-vous ?*

• La forme de *quel* est choisie en fonction du genre et du nombre du nom.

> ■ **Quel** + nom masculin singulier
> *Quel âge avez-vous ? J'ai 19 ans.*

■ **Quelle + nom féminin singulier**
Quelle robe préfères-tu ? La robe rouge ou la robe verte ?

■ **Quels + nom masculin pluriel**
Quels sont vos animaux favoris ? Le lion et la girafe.

■ **Quelles + nom féminin pluriel**
Quelles villes de France connaissez-vous ? Paris et Bordeaux.

- **La structure de l'interrogation avec** quel(l)(e)(s) diffère selon le verbe utilisé.
  ■ Avec le verbe *être* : **quel(l)(e)(s) + être + déterminant + nom** (sauf dans l'expression *Quelle heure est-il ?*)
  Quels sont vos animaux favoris ? Le lion et la girafe.

  ■ Avec un autre verbe : **quel(l)(e)(s) + nom (sans déterminant) + verbe**
  Quelle robe préfères-tu ? La robe rouge ou la robe verte ?

- **L'interrogation avec** quel(l)(e)(s) peut être présentée sous **trois formes différentes**, uniquement dans le cas d'un verbe autre que *être*.
  ■ Une forme **simple** : sujet + verbe + quel(l)(e)(s) + nom
  Vous parlez quelles langues ? Le français et l'espagnol.

  ■ Une forme avec « **est-ce que** » : quel(l)(e)(s) + nom + est-ce que + sujet + verbe.
  Quelles langues est-ce que vous parlez ? Le français et l'espagnol.

  ■ Une forme avec **inversion** du sujet et du verbe : quel(l)(e)(s) + nom + verbe + sujet.
  Quelles langues parlez-vous ? Le français et l'espagnol.

ATTENTION ! Si le verbe se termine par une voyelle et si le pronom sujet commence par une voyelle, un *t* est obligatoire entre les deux.
Quelles langues parle-t-il ? Le français et l'espagnol.

■ Les autres interrogations partielles

Il s'agit de questions qui concernent tous types d'informations.

- Ces informations peuvent porter sur le lieu, le moment, la raison, etc.
  Où allez-vous ? Je vais à Madrid.
  Quand partez-vous ? Lundi.
  Pourquoi allez-vous là-bas ? J'y vais pour mon travail.

- Voici une petite liste des différents **mots interrogatifs** :
  ■ **Où ?** sert à connaître un lieu. Ce mot interrogatif peut être combiné avec des prépositions (*d'où, par où*, etc.).

  ■ **Quand ?** sert à connaître le moment d'une action. Ce mot interrogatif peut être combiné avec des prépositions (*depuis, jusqu'à*, etc.).

  ■ **Pourquoi ?** sert à connaître la raison d'une action.

  ■ **Comment ?** sert à connaître la modalité d'une action.

  ■ **Quoi ?** sert à identifier une chose ou une action. Ce mot interrogatif peut être combiné avec des prépositions (*de quoi, pour quoi, par quoi, avec quoi*, etc.)

  ■ **Qui ?** sert à identifier une personne. Ce mot interrogatif peut être combiné avec des prépositions (*de qui, chez qui, avec qui, pour qui*, etc.).

  ■ **Combien ?** sert à identifier une quantité. Ce mot interrogatif peut être combiné avec des prépositions (*pour combien de, avec combien de, chez combien de*, etc.).

- **Ces interrogations** peuvent être présentées sous **trois formes différentes**.

   ■ Une forme **simple** : sujet + verbe + mot interrogatif ?
   *Tu vas **où**? Je vais **à Madrid**.*

   ■ Une forme avec « est-ce que » : mot interrogatif + est-ce que + nom + sujet + verbe ?
   *Quand est-ce que tu pars? Je pars **demain**.*

   ■ Une forme avec **inversion** du sujet et du verbe : mot interrogatif + verbe + sujet.
   *Comment vas-tu là-bas? J'y vais **en train**.*

ATTENTION ! Si le verbe se termine par une voyelle et si le pronom sujet commence par une voyelle, un *t* est obligatoire entre les deux.

   *Pourquoi **va-t-il** à Madrid? Parce qu'il doit rencontrer des clients.*

La structure des phrases interrogatives

Forme simple	Forme avec « est-ce que »	Forme avec inversion
Tu veux du café ?	*Est-ce que* tu veux du café ?	Veux-tu du café ?
Vous avez **quel** âge ?	**Quel** âge *est-ce que* vous avez ?	**Quel** âge avez-vous ?
Il va **où** ?	**Où** *est-ce qu'*il va ?	**Où** va-t-il ?
Il part **quand** ?	**Quand** *est-ce qu'*il part ?	**Quand** part-il ?
Pourquoi tu es triste ?	**Pourquoi** *est-ce que* tu es triste ?	**Pourquoi** es-tu triste ?
Vous vous appelez **comment** ?	**Comment** *est-ce que* vous vous appelez ?	**Comment** vous appelez-vous ?
Ils veulent **quoi** ?	**Qu'***est-ce qu'*ils veulent ?	**Que** veulent-ils ?
Qui parle ? Tu parles **à qui** ?	**Qui** *est-ce qui* parle ? **À qui** *est-ce que* tu parles ?	**IMPOSSIBLE** **À qui** parles-tu ?
Nous sommes **combien** ?	**Combien** *est-ce que* nous sommes ?	**Combien** sommes-nous ?

→ Voir Adjectifs interrogatifs, p. 24.
→ Voir Pronoms interrogatifs, p. 49.

4 • La phrase exclamative

• La phrase exclamative est utilisée pour exprimer une réaction vive.

• À l'écrit, elle se termine toujours par un point d'exclamation (!).

• À l'oral, elle est marquée par l'intonation.

• La phrase exclamative peut avoir la forme d'une phrase complète :

  ■ Avec l'adjectif exclamatif *quel*.
  Quel bonheur d'être en vacances !
  Quelle idiote je fais !

→ Voir Adjectif exclamatif, p. 24.

  ■ Avec des adverbes.
  Comme elle est grande, ta fille !
  Qu'est-ce que je suis fatigué !
  Qu'il est bête !

  ■ Avec des adverbes qui marquent l'intensité.

→ Voir chapitre « l'expression de conséquence » p. 127.

  *Nous sommes **tellement** contents de vous voir !*
  *Ils sont **si** fiers !*
  *J'ai **tant** de choses à faire !*

  ■ Avec l'impératif.

→ Voir chapitre « Impératif », p. 65.

  Allez ! sortez !

• La phrase exclamative peut aussi être constituée d'un mot qu'on appelle interjection ; en voici une petite liste :

  ■ Pour exprimer l'enthousiasme
  Génial ! Super ! Extra !

  ■ Pour exprimer la surprise
  Incroyable ! Ouah ! Oh, la la !

  ■ Pour exprimer la douleur
  Aïe ! Ouille ! [aj] [uj]

  ■ Pour exprimer la déception
  Dommage !

  ■ Pour exprimer le dégoût
  Beurk ! Pouah ! [pwah]

  ■ Pour exprimer l'hésitation
  Heu ! ben !

  ■ Pour exprimer l'arrêt
  Stop ! Halte ! Pause ! Pouce ! (pour les enfants)

  ■ Pour exprimer la résignation
  Tant pis !

5 • La mise en relief

Elle permet d'insister sur un élément de la phrase. À l'oral, cette mise en relief est extrêmement courante.

Il y a deux manières principales de mettre quelque chose en relief :

- **On met en évidence un mot soit au début soit à la fin de la phrase et on le reprend par un pronom :**

  ■ **un pronom tonique** (*moi, toi, lui,* etc.).
  *Moi, j'adore le chocolat !/ J'adore le chocolat, **moi** !*
  *Et **elles**, elles aiment ça aussi./ Et elles aiment ça aussi, **elles**.*

  ■ **un nom qui sera repris par un pronom personnel complément.**
  Ton père, je ne l'ai jamais vu./ Je ne l'ai jamais vu, ton père.
  *Ta mère, tu **lui** a écrit ?/ Tu **lui** as écrit, à ta mère ?*
  *De l'argent, tu **en** as encore ?/ Tu **en** as encore, de l'argent ?*

  ■ **un nom qui sera repris par un pronom démonstratif** (*c', ce* ou *ça*).
  Les vacances, c'est bien agréable !/ C'est bien agréable, les vacances !
  *La santé, **ça** va ?/ Ça va, la santé ?*

- **On utilise la structure :** C'est + ...

  ■ C'est + ... + **proposition relative.**
  *C'est toi **qui** es passée nous voir ce matin ?*
  *Non, **ce n'est pas** moi **qui** suis passée, c'est Lise.*
  *C'est le chinois ou le japonais **que** tu étudies ?*
  *C'est de Vanessa **que** tu parles ?*

  ■ C'est + ... + **proposition complétive** introduite par que.
  *C'est lundi **que** tu as rendez-vous chez le dentiste ?*
  *C'est pour les enfants **que** je m'inquiète.*
  *C'est avec lui **que** tu es parti le week-end dernier ?*
  *C'est à Toulouse **que** j'ai acheté ma bicyclette.*
  *C'est vers 1990 **que** nous nous sommes rencontrés.*
  *C'est en faisant les courses **que** j'ai perdu mon portefeuille.*

COMMENT EXPRIMER...

1 • L'idée du temps

Définition

Le terme de « temps » recouvre plusieurs idées : l'idée de **moment**, **d'instant** (*Il est né le 14 avril 1989 à 12 h 12*), l'idée d'**intervalle entre deux moments** (*La bibliothèque est ouverte de 10 h 30 à 19 h*), l'idée de **fréquence** (*Il fait une demi-heure de gymnastique tous les matins*), l'idée de **durée** (*Je t'attends depuis une heure*)…

On peut exprimer l'idée de temps avec différents « outils » grammaticaux. Observez :

J'ai fait la connaissance de René
{
le 12 mai 1990.
en 1990.
quand il est entré dans l'entreprise.
en allant dîner chez sa sœur.
en même temps que vous.

■ Comment exprimer l'idée de moment ?

• Par une date clairement exprimée :

> *Elle est arrivée à Mexico le 12 juin 2003.*
> *en juin.*
> *au mois de juin.*
> *au printemps.*

> *Moi, je suis arrivé le 31 décembre 1999.*
> *en décembre.*
> *au mois de décembre.*
> *en hiver.*

ATTENTION ! *Au printemps, en été, en automne, en hiver.*

• Par rapport au moment où on parle :

> *J'ai vu mon ami Henri hier matin.*

Le locuteur situe toujours ce dont il parle par rapport à son présent, par rapport au moment où il parle.

L'action ou l'événement peut être simultané, antérieur ou postérieur par rapport au moment de la parole. Observez :

> *La vie des étudiants*
>
> *Aujourd'hui, 15 juin 2003.*
>
> *En ce moment, je suis dans ma chambre et enfin, je trouve un petit moment pour t'écrire ! Il fait un temps superbe, ma fenêtre est ouverte et j'entends chanter les oiseaux dans le square d'en face. Sans les examens et les contrôles, ce serait le paradis. Mais je suis mort de fatigue. Quelle semaine ! Avant-hier, je suis allé à la bibliothèque toute la journée. Hier, six heures de cours. Aujourd'hui, pareil ! Et après-demain, je dois faire un exposé. Je n'ai pas fini de le préparer, je ferai ça demain. Ces dernières semaines de cours sont vraiment très dures.*
> *Heureusement que la semaine prochaine, on est en vacances !*

Romain

Ici, le point de repère est le moment où l'on parle :

En ce moment – le 15 juin 2003.

Point de repère : *en ce moment*

ANTÉRIORITÉ	SIMULTANÉITÉ	POSTÉRIORITÉ
hier	aujourd'hui	demain
hier matin	ce matin	demain matin
hier soir	ce soir	demain soir
avant-hier		après-demain
il y a deux jours		dans deux jours
la semaine dernière	cette semaine	la semaine prochaine
le mois dernier	ce mois-ci	le mois prochain
l'an dernier ou l'année dernière	cette année	l'an prochain ou l'année prochaine

Remarque : *Ce matin, ce soir, cette semaine, ce mois-ci, cette année* peuvent aussi être antérieurs ou postérieurs par rapport au moment de la parole. Observez :

– *Qu'est-ce que tu as fait ce matin ?*
(« ce matin » est un moment passé par rapport au moment où l'on parle.)

– *Qu'est-ce que tu vas faire ce matin ?*
(« ce matin » est un moment futur par rapport au moment où l'on parle.)

Il y a

*Gérard Lambert est arrivé dans cet immeuble **il y a trois ans**.*
*Moi, je me suis installé **il y a plus longtemps, il y a une dizaine d'années**.*

→ Avec **il y a**, le point de référence est le moment où on parle,
on indique une action qui a eu lieu, qui est terminée,
le temps est toujours au passé,
il est toujours suivi d'une durée (trois ans).

• **Par rapport à un autre moment :**

*Il s'est marié avec Diana en 1998. Il l'avait rencontrée **un an avant**. (un an plus tôt)*

Par rapport à ce moment-là, les actions ou les événements peuvent être simultanés, antérieurs ou postérieurs. Observez :

Arrivée à Paris

*Pierre Dalle arriva à Paris par un beau matin de février. **Ce jour-là**, il faisait un beau soleil et, comme il avait neigé **la veille**, le Jardin du Luxembourg était étincelant de blancheur. Il arrivait de Tahiti où, **jusqu'à la semaine précédente**, il s'occupait d'un magasin de meubles. Il n'avait pas le temps de flâner : dès **le surlendemain**, il allait prendre ses nouvelles fonctions dans la maison mère. Il avait juste le temps de s'installer dans un hôtel et peut-être, **le lendemain**, d'aller voir une exposition ou un film. En arrivant, il ne connaissait personne à Paris, mais **un mois plus tard**, il avait déjà beaucoup d'amis.*

Ici, le point de repère est : *un matin de février.*

Point de repère : *à ce moment-là*

ANTÉRIORITÉ	SIMULTANÉITÉ	POSTÉRIORITÉ
la veille	ce jour-là	le lendemain
la veille au soir	ce soir-là	le lendemain soir
l'avant-veille		le surlendemain
deux jours plus tôt		deux jours plus tard
la semaine précédente	cette semaine-là	la semaine suivante
le mois précédent	ce mois-là	le mois suivant
l'année précédente	cette année-là	l'année suivante

ATTENTION !

- **En ce moment** indique toujours le moment où l'on parle (= maintenant, actuellement)

  En ce moment, il fait très froid. J'ai regardé le thermomètre ce matin : – 10° !

- **À ce moment-là** indique toujours un moment passé ou futur

  *En juin dernier, j'étais malade. **À ce moment-là**, tout allait mal pour moi.*

  *Rappelle-moi plus tard, dans une semaine ou deux. **À ce moment-là**, je te donnerai ma réponse.*

- **Si on veut indiquer un intervalle entre deux moments :**

  *La boulangerie sera fermée **du 16 au 31 août**.*

  *Il n'y a pas de cours **entre midi et deux heures**.*

  *Le médecin reçoit **à partir de 10 h et jusqu'à 13 h**.*

■ Comment exprimer l'idée de durée ?

Pendant

Quand *pendant* est suivi d'une durée chiffrée ou de « longtemps », on peut le supprimer.

> – *Qu'est-ce que tu as fait **pendant** les vacances ?*
> – *Je pars (**pendant**) un mois en Écosse. Et toi ?*
> – *Je vais chez mon frère à Nice.*
> – *Tu y vas (**pendant**) longtemps ?*
> – *Oh, je vais y rester (**pendant**) dix ou douze jours. Après, je rentre à Toulouse.*

Tout, toute

On insiste sur l'idée qu'il s'agit d'une durée continue, sans interruption.

> *Il a plu **toute la nuit**.*

En

Indique le temps qui a été nécessaire pour faire quelque chose.

> *Il a fait Paris-Marseille **en six heures**.*
> *Elle a rédigé son mastère **en trois semaines**.*

Depuis

> *Gérard Lambert habite dans cet immeuble* **depuis le 1er juillet 2000.**
> **depuis assez longtemps.**
> **depuis trois ans.**
> **depuis son mariage.**

→ Avec depuis,
– on inclut le moment où l'on parle,
– l'action continue dans le présent (il habite toujours dans l'immeuble),
– le temps est très souvent au présent. Si le temps est au passé, la phrase est presque toujours à la forme négative (*Je ne l'ai pas vu depuis deux mois*),
– il peut être suivi d'une date (le 1er juillet 2003), d'une durée (trois ans), d'un événement (son mariage).

Ça fait… que/il y a… que

Ce sont des expressions très fréquentes ; elles ont le même sens que **depuis**, mais elles sont toujours suivies d'une durée.

ATTENTION ! Ne confondez pas il y a… que et il y a.

> *Il y a trois ans qu'il habite ici.* → Il continue à y habiter – expression d'une durée
> *Il y a six mois qu'ils sont mariés.* → Ils continuent à être mariés.
> *Il est arrivé il y a trois ans.* → On fait référence à un moment précis, le moment de son arrivée.
> *Ils se sont mariés il y a six mois.* → On fait référence à un moment précis, le moment de leur mariage.

LE POINT SUR *IL Y A*

- « il y a + durée + que » exprime l'origine et la durée d'une action qui continue.
  Il y a dix ans qu'elle travaille dans cette société. (elle travaille toujours dans cette société)

- « il y a + durée » exprime une action qui est terminée.
  Elle a déjeuné il y a une heure. (le déjeuner est terminé)

- « il y a » exprime la présence de quelque chose ou de quelqu'un.
  Dans la classe, il y a 15 étudiants. (présence de 15 étudiants dans la classe)
  Sur la table, il y a une pomme. (présence d'une pomme sur la table)

- « il (n') y a qu'à » exprime une suggestion.   → Voir « Yaka », p. 94.
  Pour arriver à l'heure, il n'y a qu'à partir plus tôt ! (il suffit de partir plus tôt)

■ Comment exprimer l'idée d'habitude, de fréquence ?

> ### *Comment être en forme et le rester !*
> *Tous les jours, buvez un grand verre d'eau au réveil.*
> *Le matin, prenez un vrai petit déjeuner.*
> *À midi, déjeunez légèrement.*
> *Mangez un fruit frais à chaque repas.*
> *Le soir, dînez peu, vous dormirez mieux !*
> *Deux ou trois fois par semaine, faites une longue promenade.*

- Le matin, à midi, l'après-midi, le soir, la nuit

  *Je déteste travailler **le matin**. En revanche, **la nuit**, je suis en pleine forme !*
  (= le matin, en général – la nuit, en général)

- Chaque

  *Vous allez prendre un comprimé **chaque matin**.*

- Tout, toute, tous, toutes

  ***Tous les lundis**, mon fils a des cours jusqu'à cinq heures.*

- Sur

  *Une **semaine sur deux**, le mercredi, il va chez son père.*

- Par

  *Une fois **par semaine**, il va au stade faire du foot.*

- Vous pouvez aussi utiliser des adverbes de temps : toujours, jamais, rarement, souvent, quelquefois...   → Voir Adverbes, p. 85 à 88.

  *Elle va **souvent** au cinéma, à peu près **une fois par semaine** mais **assez rarement** au théâtre. Moi, je vais **quelquefois** au théâtre mais **presque jamais** au cinéma. Quand j'y vais, c'est **toujours** avec mon petit garçon.*

ATTENTION ! L'adverbe toujours a deux sens différents : encore et tout le temps. Observez :
- *Tu vois **toujours** Patrice ? (= encore)*
- *Non, je ne le vois plus du tout.*
*Elle s'habille **toujours** en noir. (= tout le temps) Moi, je ne m'habille **jamais** en noir, c'est trop triste.*

◼ Comment exprimer la simultanéité, l'antériorité, la postériorité ?

- **Les actions de la proposition principale et de la proposition subordonnée sont simultanées :**

Le temps est à l'indicatif ; la proposition subordonnée peut être en tête de phrase ou non.

  ◼ Quand, lorsque, au moment où, à l'instant où
  ***Quand** j'étais petit, je détestais dormir dans le noir.*
  *Il pleuvait **quand** je me suis levé.*

  ***Lorsque** je t'ai rencontré, tu venais d'arriver en France.*
  *J'étais à l'université **lorsque** tu m'as téléphoné.*

  *L'orage a éclaté juste **au moment où** j'arrivais chez moi.*
  *À **l'instant où** j'ai dit cette phrase, j'ai senti que je me trompais.*

  ◼ Pendant que (simultanéité + durée)
  ***Pendant que** je fais les courses, range ta chambre.*
  *On a cambriolé notre appartement **pendant que** nous étions au cinéma.*

  ◼ Tant que, aussi longtemps que (simultanéité + durée)
  ***Tant que** tu ne sais pas ta leçon, tu restes ici.*
  *Le bateau ne pourra pas sortir **tant que** le vent soufflera comme ça.*

La durée est la même dans les deux propositions.

■ **Dès que, aussitôt que** (on insiste sur l'idée d'immédiateté = tout de suite)
*Il ne perd pas une minute : **dès qu**'il arrive à la plage, il se jette à l'eau.*
*Ne vous inquiétez pas, **dès que** je serai à la maison, je vous téléphonerai.*

■ **Depuis que**
***Depuis que** tu es parti, nous n'avons reçu que deux lettres. Tu exagères !*
*Il s'est passé beaucoup de choses **depuis que** tu n'es pas venu.*

■ **Le gérondif**   → Voir Gérondif, p. 72.
***En sortant**, il a fait tomber une chaise.*
*Je l'ai rencontré **en arrivant** à la maison.*

Rappel : c'est la même personne qui fait les deux actions.

• **L'action de la proposition subordonnée est antérieure à l'action de la proposition principale**

Le temps de la proposition subordonnée est à l'indicatif ; elle peut être en tête de phrase ou non.

■ **Quand, lorsque, dès que, aussitôt que**
*Avant, **quand** il <u>avait fini</u> son travail, il <u>rangeait</u> la maison.*
*Maintenant, **dès qu**'il <u>a fini,</u> il <u>sort</u> et <u>laisse</u> tout en désordre.*

C'est le temps des verbes qui nous indique l'antériorité d'une action sur l'autre :
Le passé composé est antérieur au présent.
Le plus-que-parfait est antérieur à l'imparfait.

Mais si les deux actions se suivent immédiatement, le temps est le même (il y a quasi-simultanéité).
*Maintenant, **quand** on le <u>gronde</u>, il rit.*
*Mais avant, **dès qu**'on le <u>grondait</u>, il <u>se mettait</u> à pleurer.*

■ **Après + nom**, après **+ infinitif passé**, après que.
***Après ton départ**, j'ai trouvé la maison bien vide.*
***Après avoir dit** au revoir, il est parti.*
Dans cette phrase, c'est la même personne qui fait les deux actions : ***il**.*

*Tout le monde s'est senti bien triste **après que** tu es parti.*
Dans cette phrase, il y a deux sujets différents : ***tout le monde** et **tu**.*

ATTENTION ! Les Français utilisent très souvent le subjonctif avec *après que* même si ce n'est pas logique.

- **L'action de la proposition subordonnée est postérieure à l'action de la proposition principale.**

La proposition subordonnée est au subjonctif ; elle peut être en tête de phrase ou non.

■ **Avant** + **nom,** avant de + **infinitif,** avant que.
*J'ai le temps de lire un peu **avant le départ** ?*

*J'ai le temps de lire un peu **avant de sortir** ?*
Dans cette phrase, c'est la même personne qui fait les deux actions : ***je**.*

*J'ai le temps de lire un peu **avant que** tu sois prêt ?*
Dans cette phrase, il y a deux sujets différents : ***je** et **tu**.*

*Avant que **tu partes**, je voudrais te dire quelque chose.*
Dans cette phrase, il y a deux sujets différents : ***tu** et **je**.*

■ **Jusqu'à** + **nom,** jusqu'à ce que.
*Attends-moi **jusqu'à la fin des cours.***
*Attends-moi **jusqu'à ce que** je revienne.*
***Jusqu'à ce que** je revienne, tu ne bouges pas de la maison.*

ATTENTION !

Il y a une différence entre tant que + indicatif et jusqu'à ce que + subjonctif.
***Tant qu'**elle était célibataire, je la voyais beaucoup.* (= aussi longtemps qu'elle est restée célibataire : idée de durée ; les deux actions se déroulent en même temps)

***Jusqu'à ce qu'**elle se marie, je la voyais beaucoup.* (= jusqu'à un moment précis, un point limite : son mariage)

***Tant que** tu resteras là, je resterai aussi.* (la durée est la même dans les deux propositions)

*Je resterai là **jusqu'à ce que** tu partes.* (jusqu'à un point précis dans le temps : ton départ)

2 • L'idée du lieu

Interroger sur un lieu

■ Pour obtenir une information sur un **lieu** ou une **destination**, on utilise où ?

Où allez-vous ?
Où est-ce que vous travaillez ?
*Vous partez **où** en vacances ?*

■ Pour obtenir une information sur une **provenance** (l'origine), on utilise d'où ?

D'où venez-vous ? Je viens d'Italie. Je suis italienne.

Le lieu où l'on est et où l'on va (être, habiter, aller, etc.)

a. Les noms pays

■ Nom de pays **masculin singulier** :

*Je suis **au** Portugal, j'habite **au** Japon, je vais **au** Vénézuela.*

■ Nom de pays **féminin singulier** :

*Je suis **en** France, j'habite **en** Chine, je vais **en** Grèce.*

■ Nom de pays commençant par une **voyelle ou h** :

*Je suis **en** Italie, j'habite **en** Écosse, je vais **en** Hollande.*

■ Nom de pays **pluriel** :

*Je suis **aux** Philippines, j'habite **aux** États-Unis, je vais **aux** Pays-Bas.*

■ **Avec les noms de pays qui n'ont pas d'article**, cela fonctionne comme pour les villes avec à :

*Je suis **à** Cuba, j'habite **à** Singapour, je vais **à** Madagascar.*

ATTENTION ! *Je vais en Israël.*

b. Les régions

■ Les noms de régions fonctionnent comme les noms de pays quand qu'ils sont du genre féminin.

*L'Alsace, la Bretagne, La Picardie → Je suis **en** Alsace, j'habite **en** Bretagne, je vais **en** Picardie.*

■ Quand les noms de régions sont du genre masculin ou au pluriel, on utilise « dans + article défini ».

*Le Périgord, Le Limousin, les Landes → Je suis **dans le** Périgord, j'habite **dans le** Limousin, je vais **dans les** Landes.*

c. Les villes

■ Avec la quasi totalité des noms de villes, on utilise la préposition « à ».

*Je suis **à** Marseille, j'habite **à** Paris, je travaille **à** Berlin, je vais **à** Londres.*

ATTENTION ! *J'habite en Arles et je travaille en Avignon.*

d. Les autres lieux

■ Avec les autres noms de lieux, on utilise les articles contractés :

Nom de lieu masculin singulier → *Je vais **au** travail, **au** supermarché et **au** cinéma.*

Nom de lieu féminin singulier → *Il va **à la** boulangerie, **à la** poste et **à la** pharmacie.*

Nom de lieu commençant par une voyelle ou un *h* → *Nous allons **à l'**école, **à l'**hôpital et **à l'**église.*

Nom de lieu pluriel → *Elle va **aux** toilettes.*

■ Quand le lieu est en relation avec une personne, on utilise « chez ».

*Tu viens **chez** moi demain ? Non, je vais **chez** le docteur.*

e. Pour ne pas répéter

■ Pour éviter la répétition concernant un lieu ou une destination, on utilise **y**.

*Tu es au Maroc ?! Oui, j'**y** suis depuis trois jours.*

*Est-ce qu'il va à la boulangerie ? Oui, il **y** va tout de suite.*

■ Le lieu d'où l'on vient (venir de)

a. Les pays

■ Nom de pays **masculin singulier** :

*Je viens **du** Portugal.*

■ Nom de pays **féminin singulier** :

*Je viens **de** Chine.*

■ Nom de pays commençant par une **voyelle** :

*Je viens **d'**Italie.*

■ Nom de pays commençant par un **h** :

*Je viens **de** Hollande. Je viens **de** Hongrie*

■ Nom de pays **pluriel** :

*Je viens **des** Philippines.*

■ **Avec les noms de pays qui n'ont pas d'article**, cela fonctionne comme pour les noms de villes avec **de** (ou **d'** quand le nom commence par une voyelle) :

*Je viens **de** Cuba.*

*Je viens **d'**Israël.*

b. Les régions

■ Noms de régions **masculin singulier** :

*Je viens **du** Périgord.*

■ Noms de régions **féminin singulier** :

*Je viens **de** Bretagne.*

■ Nom de pays commençant par une **voyelle** :

*Je viens **d'**Alsace.*

■ Nom de pays **pluriel** :

*Je viens **des** Landes.*

c. Les villes

■ Avec la quasi totalité des noms de villes, on utilise la préposition « de » :

*Je viens **de** Marseille.*

■ Quand le nom de la ville commence par une voyelle, on utilise « d' » :
Je viens d'Avignon.

d. Les autres lieux

■ Avec les autres noms de lieux, on utilise les articles contractés :
Nom de lieu masculin singulier → *Je viens **du** travail, **du** supermarché et **du** cinéma.*
Nom de lieu féminin singulier → *Il vient **de la** boulangerie, **de la** poste et **de la** pharmacie.*
Nom de lieu commençant par une voyelle ou un *h* → *Nous venons **de** l'école, **de** l'hôpital et **de** l'église.*
Nom de lieu pluriel → *Elle **vient des** toilettes.*

■ Quand le lieu est en relation avec une personne, on utilise « de chez » :
*Tu viens d'où ? Je viens **de chez** le docteur.*

e. Pour ne pas répéter

■ Pour éviter la répétition concernant une provenance, on utilise le pronom « en » :
*Tu connais le Maroc ? ! Oui, j'**en** viens. Je suis rentrée hier.*
*Il faut aller à la boulangerie. Non, j'**en** viens. Le pain est encore chaud !*

Localiser

■ Dans, sur, sous, devant, derrière
  – *Où est ma robe ?*
  – *Ta robe est **dans** la boîte, la boîte est **sur** la table, la table est **derrière** la porte et la porte est **devant** toi !*

■ À côté de, en face de, de l'autre côté de, au milieu de, **etc.**
  – *Où est la poste, s'il vous plaît ?*
  – *La poste est **de l'autre côté de** la rue, **en face du** café, **à côté de** la pharmacie.*

Demander son chemin

*Où est la Mairie, s'il vous plaît ? C'est **loin d'ici** ?*
*Où **se trouve** le théâtre de l'Odéon, s'il vous plaît ?*
*Vous **savez où je peux trouver** une pharmacie dans le coin ?*
*Excusez-moi, **est-ce qu'il y a** une banque **par ici** ?*
*Pardonnez-moi, **je cherche** la rue Daviel, s'il vous plaît !*
*C'est **tout près**, à cinq minutes d'ici.*

Indiquer une direction

■ **Les verbes** utilisés pour indiquer une direction sont : *prendre, aller, arriver, continuer, tourner, traverser.*

■ **Les indicateurs** de direction sont : *à droite, à gauche, tout droit, jusqu'à…*

■ **On peut utiliser le présent, l'impératif, le futur.**
  *Vous **continuez** tout droit, **prenez** la deuxième rue à droite, **allez** jusqu'au feu et **ce sera** la première rue sur votre gauche.*

3 • L'idée de la quantité

Pour exprimer l'idée de quantité, on peut utiliser :
- Le pluriel : *Vous avez **des** enfants ?* ; *J'aime **les** livres.*

→ Voir Articles, p. 14/15.

- Les partitifs : du, de la, de l', des *Je voudrais du pain, de la salade, de l'huile d'olive et des pommes.* → Voir Partitifs, p. 18.
- Les chiffres : *0, 1, 2, 3, 4, 5, 6, 7, 8, 9.*
- Les nombres : *13, 25, 435, 3 589, 75 690…*
- Des mots dérivés des chiffres et des nombres : *une **douzaine**, une **centaine**.*
- D'autres mots : des noms (***des tas** de gens ont **des tas** de problèmes !*), adjectifs (***nombreux***), → Voir Adjectifs, p. 23, 31.
- Des adverbes (***beaucoup, très, trop…***) → Voir Adverbes, p. 87.

■ Les chiffres et leur prononciation

ATTENTION ! **5, 6, 8, 10** → On fait toujours la liaison si le chiffre est suivi d'une voyelle ou d'un h muet (cinq euros = [sɛ̃kørɔ]. Normalement, on ne prononce pas la consonne finale si le mot suivant commence par une consonne (cinq cents = [sɛ̃sɑ̃].
- *Mon fils a exactement cinq ans* [sɛ̃kɑ̃] *et huit mois* [ɥimwɑ]
- *Ma fille aînée a déjà dix ans* [dizɑ̃]
- *Le mien a six ans* [sizɑ̃] *et mon bébé dix mois* [dimwɑ]

ATTENTION ! **9** → Devant les mots **ans** et **heures**, la liaison se fait en **-v**.
Il est neuf heures. [nœvœr] ; *Je le connais depuis neuf ans* [nœvɑ̃]

■ Les nombres

1	un	11	onze	21	vingt et un	200	deux cents
2	deux	12	douze	22	vingt-deux	300	trois cents
3	trois	13	treize	30	trente	1000	mille
4	quatre	14	quatorze	40	quarante	10 000	dix mille
5	cinq	15	quinze	50	cinquante	100 000	cent mille
6	six	16	seize	60	soixante		
7	sept	17	dix-sept	70	soixante-dix		
8	huit	18	dix-huit	80	quatre-vingts		
9	neuf	19	dix-neuf	90	quatre-vingt-dix		
10	dix	20	vingt	100	cent		

Exemples : *Elle a **79** ans* (= soixante-dix-neuf ans) *et son mari **91*** (= quatre-vingt-onze).

***1789** : Révolution française* (= mille sept cent quatre-vingt-neuf)
*Alexandre est né en **1998*** (= mille neuf cent quatre-vingt-dix-huit).
*Tél. : Appelez votre ami François au **01 45 79 81 99*** (= zéro un – quarante-cinq – soixante-dix-neuf – quatre-vingt-un – quatre-vingt-dix-neuf) *ou bien sur son portable au **06 76 88 31 77*** (= zéro six – soixante-seize – quatre-vingt-huit – trente et un – soixante-dix-sept).

■ Les nombres vont de 0 à l'infini. Certains sont simples (13 = treize ; 30 = trente), d'autres sont composés (77 = soixante-dix-sept ; 98 = quatre-vingt-dix-huit).

■ Ils sont invariables sauf **un/une** et ses composés : *Il y a **vingt et une** étudiantes.*

ATTENTION !

21 : vingt **et** un   31 : trente **et** un   41 : quarante **et** un

51 : cinquante **et** un   61 : soixante **et** un   71 : soixante **et** onze

mais   81 : quatre-vingt-un   91 : quatre-vingt-onze   101 : cent un

■ Écriture

Il faut mettre un trait d'union pour tous les nombres composés jusqu'à 100 sauf s'il y a un **et**.

dix-sept (17), quarante-huit (48), quatre-vingt-dix-neuf (99) ;

mais quarante et un, soixante et un.

ATTENTION ! **Vingt** et **cent**.

> *Elle a **vingt** ans, sa grand-mère a quatre-**vingts** ans et son grand-père quatre-**vingt**-deux ans.*
> *– Je vous dois **cent** quatre-vingt euros, **deux cents** euros ou plus ?*
> *– Exactement **deux cent trois euros**.*

→ Multipliés, ils prennent un **-s** (quatre-vingts, deux cents) mais ils perdent ce **-s** s'ils sont suivis d'un autre chiffre (quatre-vingt-deux, deux cent trois).

ATTENTION ! **À la différence entre « nombre » et « numéro ».**

■ **Nombre** : quantité qu'on peut compter.

> *Le nombre des Français = soixante millions.*

■ **Numéro** : élément d'un ensemble.

> *Ils habitent dans la même rue : lui, il habite au numéro 13 et sa cousine au numéro 27.*
> *Le billet gagnant est le numéro 13 444.*
> *Donnez-moi votre numéro d'étudiant, s'il vous plaît.*

■ Les nombres ordinaux

> *– Pardon, monsieur, pour aller à la gare de l'Est, s'il vous plaît ?*
> *– C'est facile. Vous prenez **la deuxième rue** à gauche et ensuite **la troisième** à gauche.*

Comme leur nom l'indique, ils servent à ordonner, à classer.

1er = premier, 2e = deuxième, 3e = troisième, 4e = quatrième, 5e = cinquième, 6e = sixième, 7e = septième, 8e = huitième, 9e = neuvième, 10e = dixième… 100e = centième, 1000e = millième…

→ On ajoute **-ième** au chiffre ou au nombre sauf pour ***premier, première***.

ATTENTION !

> *– J'habite à Paris **dans le dix-neuvième arrondissement**. Et vous ?*
> *– **Dans le seizième**.*
> *– Dans les quartiers chics !*
> *– Oui, mais j'habite sous les toits, une petite chambre **au septième étage**.*

→ Pour les arrondissements, on utilise **dans**. Pour les étages, on utilise **au**.

■ Fractions et pourcentages

1/2 = un demi

> *Je voudrais un demi-litre d'huile d'olive, s'il vous plaît.*

1/4 = un quart

> *Les trois quarts des candidats à l'examen ont été reçus.*
> *Près d'un quart des Français (24 % exactement) ont regardé cette émission.*

1/3 = un tiers

> *Plus d'un tiers des Français ont voté pour ce candidat.*

10 % = dix pour cent

> *Près de dix pour cent des gens cherchent un emploi.*

1,5 % = un et demi pour cent

> *La croissance sera cette année d'environ un et demi pour cent.*

■ Les mots qui servent à multiplier

Le double (deux fois plus), *le triple* (trois fois plus), *le quadruple* (quatre fois plus) ; et les verbes *doubler, tripler, quadrupler...*

> *Depuis qu'il travaille en Suède, il gagne presque le **double** de son ancien salaire.*
> *Le niveau de vie des Français **a** presque **triplé** en un demi-siècle.*

■ Les nombres collectifs

■ Ils sont toujours suivis de **de** + **nom**. Ils expriment en général une quantité approximative.

■ Tous ces chiffres et ces nombres ne sont pas transformables. Seuls sont possibles :

> *Une huitaine, une dizaine, une douzaine, une quinzaine, une vingtaine, une trentaine, une quarantaine, une cinquantaine, une soixantaine.*

ATTENTION ! On ne peut avoir que le mot une devant ces mots (sauf douzaine) : *Mon voisin a une quarantaine d'années* (environ 40 ans), *sa fille a une douzaine d'années* (environ 12 ans).

ATTENTION !
• Une huitaine :
> *Ils sont partis **une huitaine** de jours.* (environ 8 jours)

• Une douzaine donne quelquefois une idée d'approximation :
> *Il a **une douzaine** d'années.*

mais pas toujours :
> *Je voudrais **deux douzaines** d'œufs.* (= 24)

• Une centaine (environ cent) :
> *Il y a **une centaine** d'années que le téléphone est né.*

• Un millier (environ mille) :
> *Cela se passait il y a quelques **milliers** d'années.*

ATTENTION ! On peut dire **une centaine, un millier, des centaines, des milliers, quelques centaines, quelques milliers, plusieurs centaines, plusieurs milliers**. Mais on ne peut pas dire *deux centaines.

• Un million *(1 000 000)*
> *Il est millionnaire et même **multimillionnaire**.*

• Un milliard *(1 000 000 000)*
> *Cette île grecque est fréquentée par des **milliardaires**.*

■ Pour exprimer une quantité nulle

Ne... rien   *Je n'ai **rien** vu, **rien** entendu.*

Ne... aucun *Il n'y a **aucun** doute : quelqu'un est venu en notre absence.*

Ne... plus   *– Vous voulez encore un peu de fromage ?*
             *– Non, merci, je **n'**en veux **plus**. J'ai fini. C'était très bon.*

→ Voir Phrase négative, p. 89.

■ Pour exprimer une quantité égale à 1

Chaque + nom **Chaque** *étudiant doit se présenter au service des inscriptions.*

Chacun   **Chacun** *doit apporter un dossier complet.*

→ Voir Indéfinis, p. 23, 47.

■ Pour exprimer une petite quantité

Peu de **(avec un nom)**   *Il gagne **peu** d'argent.* (= pas beaucoup)

Peu **(avec un verbe)**   *Il travaille **peu** mais il réussit quand même !*

Un peu de **(avec un nom)** *Il faut **un peu de** patience !* (= une certaine quantité)

Un peu **(avec un verbe)**   *Restez **un peu**, ne partez pas.*

Quelques **(avec un nom)** *Il y a **quelques** années, je suis allé à Marseille.* (= un petit nombre d'années)

Plusieurs **(avec un nom)** *Je suis restée **plusieurs** jours à Vienne, j'ai pu visiter beaucoup de choses très intéressantes.*

→ Quelques donne une idée de quantité limitée. Plusieurs exprime une quantité plus importante que quelques.   → Voir Adverbes, p. 87 et Comparaison, p. 120.

■ Pour exprimer une quantité suffisante

Assez de **(avec un nom)**   *Vous aurez **assez de** temps pour finir ce travail ?*

Assez **(avec un verbe)**   *Vous avez **assez** mangé ?*

Suffisamment de **(avec un nom)** *Tu as **suffisamment** d'argent pour ton voyage ?*

Suffisamment **(avec un verbe)**   *Tu ne travailles pas **suffisamment**.*

■ Pour exprimer une grande quantité

Beaucoup de **(avec un nom)**   *Ils ont **beaucoup** d'enfants, 6 ou 7.*

Beaucoup **(avec un verbe)**   *Il pleut **beaucoup** en mars et en avril.*

De nombreux, de nombreuses **(avec un nom)** *Il y a **de nombreux** touristes français à Venise.*

Un grand nombre de **(avec un nom)**   *Cet été à Paris, il y a **un grand nombre** de musées fermés pour travaux.*

■ Pour exprimer une quantité excessive

Trop de **(avec un nom)** *Il y a **trop de** bruit ici. Éteignez la télé !*

Trop **(avec un verbe)**   *Ne bois pas **trop**, tu serais malade !*

■ Pour exprimer une quantité totale

Tout, toute, tous, toutes *Tu as pris **tous** les bagages ? Oui, je les ai **tous**, je n'ai rien oublié.*

→ Voir Déterminants, p. 23.
→ Voir Pronoms, p. 47.

■ Quelques mots qui servent à mesurer

Un kilo, une livre (= un demi-kilo), **une demi-livre** (= 250 grammes), **cent grammes**…
*Donnez-moi **deux kilos de** haricots, **une demi-livre de** beurre et **deux cents grammes de** crevettes.*

Un morceau (de) *Tu prends combien de sucre dans ton café ? **Un morceau** ?*

Une tranche (de) *Je voudrais **deux tranches de** jambon.*

Un paquet (de) *Avant, il fumait **deux paquets de** cigarettes par jour mais il a arrêté.*

Un bouquet (de) *Qu'est-ce que j'apporte ? **Un bouquet de** fleurs ?*

Un tas (de) *Tu as oublié ta pelle et ton seau sur ton **tas de** sable.*

*Il a eu **un tas d'**ennuis mais ça va mieux maintenant.*

Une foule (de) *Il y avait **une foule de** touristes autour du guide.*

Et aussi…

Augmenter, une augmentation (une hausse) *Cette année, **la hausse** des prix est de 1,1 %. et le salaire moyen **a augmenté de** 1,4 %.*

Dépasser *En France, le nombre des chômeurs **dépasse** 2,5 millions de personnes. Il y a exactement 2 654 000 demandeurs d'emploi.*

Diminuer, une diminution *Le nombre de vols **a diminué** entre janvier et juillet.*

Baisser, une baisse *La température **a baissé de** dix degrés pendant la nuit.*

Atteindre *L'inflation dans les années 75-80 **a atteint** un niveau record.*

S'élever à *Le nombre des victimes **s'élève à** 21.*

Être supérieur à *Le nombre des Allemands **est supérieur à** celui des Français.*

Être égal à *Le salaire minimum **est à peu près égal à** 1000 euros par mois.*

Être inférieur à *Le nombre des Parisiens en 2003 (2 150 000) **est nettement inférieur à** celui de 1921 (2 900 000) : la population parisienne diminue.*

4 • La caractérisation des choses et des personnes

Caractériser quelque chose

C'est blanc.
C'est rectangulaire.
C'est en papier.
Ça sert à envoyer des lettres.
C'est une enveloppe.

■ La couleur

Blanc, noir, vert, rouge, jaune, bleu, etc.
L'adjectif de couleur est toujours au masculin singulier quand il est précédé de *c'est*.

■ Le volume

- **Adjectifs** : *minuscule, (très) petit, (très) grand, volumineux, énorme, gigantesque,* etc..

- « De la taille de » **+ nom** : *Ce monument est de la taille d'un arbre, d'un immeuble,* etc.

- **Des mesures :** *millimètre, centimètre, mètre, litre* (pour les liquides), etc.

- La largeur, la longueur, la hauteur, la profondeur : *La longueur de cette table est égale à sa largeur, c'est une table carrée.*

■ La matière

- **Chose +** de **+ matière** : *un bonhomme de neige.*

- **Chose +** en **+ matière** : *un mouchoir en papier, un fauteuil en cuir.*

→ Voir Prépositions, p. 81.

■ La forme

- **Adjectifs** : *carré, rond, rectangulaire, ovale,* etc.

- « En forme de » **+ chose comparée** : *C'est une lampe en forme de poire.*

■ La fonction

- « Ça sert à » **+ infinitif** : *Ça sert à laver le linge.*

- « On l'utilise pour » **+ infinitif** : *On l'utilise pour transporter des vêtements.*

Il est jeune.
Il est grand.
Il est mince.
Il est blond.
Il a les yeux bleus.
Il est beau.
Il est intelligent et doux.
Il est beau.
Il est parfait !

■ La description physique

- **L'âge :**
– *Avoir + X ans*
    *Mireille **a 62 ans**.*
– *Être + âgé(e), jeune, d'âge mûr, etc.*
    *Ce monsieur **est âgé**.*
    *Le fils de Pierrette **est jeune**.*
    *Ma sœur est une femme **d'âge mûr**.*

- **La taille** : être + grand(e), petit(e), de taille moyenne.
    Elle est de taille moyenne

- **La corpulence** : être + maigre, mince, rond(e), fort(e).
    Elle est ronde.

- **Les yeux** : avoir les yeux bleus, gris, verts, marron, noirs.
    Elle a les yeux verts.

- **Les cheveux :**
– Être *blond(e), brun(e), châtain, chauve, dégarni(e).*
– Avoir les cheveux *blancs, gris, noirs,* etc.
    Elle a les cheveux gris.
– Avoir les cheveux *longs, courts, mi-longs,* etc.
– Avoir des cheveux *raides, ondulés, bouclés, frisés,* etc.
– Avoir un chignon, *une queue de cheval, une barrette, des nattes, des couettes,* etc.
    Elle a les cheveux courts et bouclés.

- **La peau :**
– Être *blanc(he), noir(e)*
– Avoir la peau *claire, foncée, mate, bronzée, dorée,* etc.
    Elle a la peau claire.

- **Les accessoires**
Porter des moustaches, une barbe, etc.
Porter des lunettes.
    Il porte une longue barbe blanche.
    Elle porte des lunettes.

■ La personnalité et l'appréciation

Lorsque nous décrivons des personnes, nous utilisons des adjectifs qui sont parfois peu objectifs. Il existe de très nombreux adjectifs qualificatifs pour décrire la personnalité mais globalement on peut les rassembler sous deux grandes catégories :

- **Les qualités** : ce sont des traits de personnalité considérés comme positifs.
  Ma fille est belle, intelligente, douce, joyeuse, dynamique, agréable et modeste.

- **Les défauts** : ce sont des traits de personnalité considérés comme négatifs.
  Mon voisin est laid, stupide, brutal, sale, désagréable, bruyant et impoli.

5 • L'idée de la comparaison, de la similitude et de l'opposition

Observez ces exemples :

> *1. Les chats sont plus **indépendants** que les chiens.*
> *2. Les chats ont plus de **charme** que les chiens.*
> *3. Les chats **dorment** plus que les chiens.*
> *4. Les chats vivent plus **longtemps** que les chiens.*

- Dans tous ces exemples, il s'agit d'une comparaison exprimant la supériorité.

- Dans tous les cas, les chats sont comparés aux chiens.

- Mais chaque phrase compare un aspect différent concernant les chats.
Dans l'exemple n° 1, on compare une **qualité** (les chats sont indépendants).
Dans l'exemple n° 2, on compare une **quantité** (la quantité de charme des chats).
Dans l'exemple n° 3, on compare une **action** (dormir).
Dans l'exemple n° 4, on compare une **information qui concerne le verbe** (les chats vivent longtemps).

- Il existe trois degrés de comparaison : **la supériorité** (+), **l'égalité** (=) et **l'infériorité** (–).

■ Comparer des qualités

- Supériorité : **plus** + adjectif + **que**.

> *Un ordinateur portable est **plus** petit et **plus** léger **qu**'un ordinateur de bureau, mais il est **plus** cher.*

ATTENTION 1 ! *Plus* et *bon* ne peuvent pas être utilisés ensemble. L'adjectif « meilleur » les remplace et s'accorde avec le sujet.
> *Le beurre est **meilleur que** l'huile.*
> *L'huile est **meilleure** pour la santé **que** le beurre*
> *Les légumes sont **meilleurs** pour la santé **que** la viande.*
> *Les glaces italiennes sont **meilleures que** les autres.*

ATTENTION 2 ! *Plus mauvais* est parfois remplacé par *pire*.
> *Je suis **plus** mauvaise **que** toi en mathématiques.*
> *Je suis **pire que** toi en mathématiques.*

- Égalité : **aussi** + adjectif + **que**.

> *Un ordinateur portable est **aussi** efficace **qu**'un ordinateur de bureau.*

- Infériorité : **moins** + adjectif + **que**.

> *Un ordinateur portable est **moins** gros et **moins** lourd **qu**'un ordinateur de bureau.*

■ Comparer des quantités

- Supériorité : **plus de** + nom + **que**.
    *Mon frère a **plus de** patience **que** moi.*
- Égalité : **autant de** + nom + **que**.
    *Il y a **autant de** touristes à Londres **qu'**à Paris.*
- Infériorité : **moins de** + nom + **que**.
    *Nous avons **moins de** livres **que** la bibliothèque.*

■ Comparer des états ou des actions

- Supériorité : verbe + **plus** + **que**.
    *Les enfants jouent **plus que** les adultes.*
- Égalité : verbe + **autant** + **que**.
    *Mon fils mange **autant que** son père.*
- Infériorité : verbe + **moins** + **que**.
    *Les Français travaillent **moins que** les Japonais.*

■ Autre comparaison

Il s'agit d'une comparaison qui porte sur des adverbes.

- Supériorité : **plus** + adverbe + **que**.
    *Il habite **plus** loin du métro **que** moi.*

ATTENTION ! *Plus* et *bien* ne peuvent pas être utilisés ensemble. L'adverbe *mieux* les remplace.
    *Elle parle bien l'anglais, mais sa sœur le parle **mieux qu'**elle.*

- Égalité : **aussi** + adverbe + **que**.
    *Je vais rester **aussi** longtemps **que** possible.*
- Infériorité : **moins** + adverbe + **que**.
    *Elle parle **moins** fort **que** sa mère.*

	Supériorité	Égalité	Infériorité
Avec un adjectif	**Plus** + adjectif + **que**	**Aussi** + adjectif + **que**	**Moins** + adjectif + **que**
Avec un adverbe	**Plus** + adverbe + **que**	**Aussi** + adverbe + **que**	**Moins** + adverbe + **que**
Avec un verbe	Verbe + **plus** + **que**	Verbe + **autant** + **que**	Verbe + **moins** + **que**
Avec un nom	**Plus de** + nom + **que**	**Autant de** + nom+ **que**	**Moins de** + nom + **que**

Les superlatifs

Observez ces fausses affirmations :
   1. *Les chats sont les animaux **les plus indépendants**.*
   2. *Les chats sont les animaux qui ont **le plus de charme**.*
   3. *Les chats sont les animaux qui **dorment le plus**.*
   4. *Les chats sont les animaux qui vivent **le plus longtemps**.*

- Dans tous ces exemples, il s'agit de supériorité.
- Dans tous les cas, les chats sont distingués de tous les autres animaux.
- Le superlatif ne compare pas deux catégories (par exemple, les chats et les chiens) mais souligne les caractéristiques exceptionnelles du chat.
- Comme dans la comparaison, chaque phrase compare un aspect différent concernant les chats.

Dans l'exemple n° 1, on compare une **qualité** (les chats sont indépendants).

Dans l'exemple n° 2, on compare une **quantité** (la quantité de charme des chats).

Dans l'exemple n° 3, on compare une **action** (dormir).

Dans l'exemple n° 4, on compare une **information qui concerne le verbe** (les chats vivent longtemps).

- Comme elles sont exceptionnelles, ces caractéristiques ne peuvent pas concerner l'égalité.
- Le superlatif existe donc sous deux formes : **le superlatif de supériorité** et **le superlatif d'infériorité**.
- Pour former le superlatif, on utilise un article défini (*le*, *la*, *les*).
- Avec le superlatif on utilise souvent le pronom relatif *qui*.

> *Les chats sont les animaux **qui** sont les plus indépendants.*

■ Distinguer des qualités

- Pour former le superlatif avec un adjectif, on utilise un article défini qui correspond, en genre et en nombre, à cet adjectif.

> *Patricia est **la plus** courageuse.*

- Supériorité : *le*, *la*, *les* + *plus* + adjectif + *de*.

> *La rose est **la plus** belle **des fleurs**.*
> *La rose est la fleur **la plus** belle de toutes.*
> *C'est la rose qui est **la plus** belle **des fleurs**.*

ATTENTION 1 ! *Plus* et *bon* ne peuvent pas être utilisés ensemble. L'adjectif *meilleur* les remplace et s'accorde avec le sujet.

> *Géraldine est **la meilleure** élève de sa classe.*

ATTENTION 2 ! *Plus mauvais* est parfois remplacé par *pire*.

> *En mathématiques, Géraldine est **la plus mauvaise** élève de sa classe.*
> *En mathématiques, Géraldine est **la pire** élève de sa classe.*

- Infériorité : **le**, **la**, **les** + **moins** + adjectif + **de**.

> *Xavier est **le moins** timide de mes amis.*
> *Xavier est l'ami **le moins** timide de tous.*
> *C'est Xavier qui est **le moins** timide de mes amis.*

■ Distinguer des quantités

- Avec des quantités, on utilise toujours l'article défini *le*.
- Supériorité : **le plus de** + nom.

> *C'est Natacha qui a **le plus de** vêtements.*

- Infériorité : **le moins de** + nom.

> *C'est moi qui ai **le moins de** livres.*

■ Distinguer des actions

- Avec des actions, on utilise toujours l'article défini *le*.
- Supériorité : verbe + **le plus**.

    *Marie lit trois heures par jour et Édith lit une heure. C'est Marie qui lit **le plus**.*

- Infériorité : verbe + **le moins**.

    *Victor et Benjamin travaillent beaucoup mais c'est Benjamin qui travaille **le moins**.*

■ Distinguer une particularité concernant l'action

- Avec des adverbes, on utilise toujours l'article défini *le*.
- Supériorité : **le plus** + adverbe.

    *Élodie habite à 10 kilomètres de son lieu de travail. Jacques habite à 5 kilomètres de son travail. C'est Élodie qui habite **le plus** loin.*

ATTENTION ! *Plus* et *bien* ne peuvent pas être utilisés ensemble. L'adverbe « mieux » les remplace.
    *Charles et Nathan parle bien espagnol mais c'est Nathan qui parle **le mieux**.*

- Infériorité : **le moins** + adverbe.

    *Élodie habite à 10 kilomètres de son travail. Jacques habite à 5 kilomètres de son travail. C'est Jacques qui habite **le moins** loin.*

L'expression de la similitude

*Stéphane et Mathieu **se ressemblent**. Ils sont absolument **semblables**. Ils ont **le même** âge, ils sont de **la même** taille et ils ont **les mêmes** yeux. Stéphane est **comme** Mathieu, il adore la musique. Ils travaillent bien à l'école. En général, leurs résultats sont **identiques**. Ils s'habillent **pareil** et ne se séparent jamais. Tout le monde les confond. C'est normal, ils sont jumeaux !*

■ Avec un verbe

Ressembler :

    *Stéphane **ressemble à** Mathieu.*

Se ressembler :

    *Stéphane et Mathieu **se ressemblent**.*

■ Avec un adjectif

Semblable :

    Mathieu est semblable à Stéphane.
    *Mathieu et Stéphane sont **semblables**.*

Identique :

    *Les résultats scolaires de Stéphane sont **identiques** aux résultats scolaires de Mathieu. Leurs résultats sont **identiques**.*

Pareil :

à : *Le visage de Stéphane est **pareil au** visage de Mathieu.*

que (considéré par certains comme incorrect mais très utilisé) : *Le visage de Stéphane est pareil que celui de Mathieu.*

Le, la, les même(s) **+ nom** :

*Stéphane et Mathieu ont **les mêmes amis**.*

▨ Avec un adverbe

Pareil (considéré comme familier mais très utilisé) :

*Stéphane et Mathieu s'habillent **pareil**.*

▨ Avec « comme »

*Stéphane et Mathieu se ressemblent **comme** deux gouttes d'eau.*
*Stéphane est **comme** son frère, il adore la musique.*

L'opposition

Définition

Il y a opposition quand on souligne les différences qui existent entre deux éléments de même nature.

ATTENTION ! L'opposition peut se passer de tout terme spécifique.

Élisabeth est blonde, Mathilde est brune.

Dans les deux dessins ci-contre, nous avons des éléments de même nature : deux petites filles.

Élisabeth   Mathilde

Mais :

*Ce sont deux petites filles **mais** elles ne se ressemblent pas.*

Alors que/tandis que :

*Élisabeth est blonde **alors que** Mathilde est brune.*
*Élisabeth porte une valise **tandis que** Mathilde tient un sac.*

Par contre, en revanche :

*Élisabeth porte des vêtements à sa taille. **Par contre**, Mathilde porte des vêtements trop grands.*

Contrairement à :

__Contrairement à__ Mathilde, Élisabeth est une petite fille sérieuse.

Et aussi...

• Être différent : *Élisabeth et Mathilde **sont différentes**.*

• Être opposé : *Le style d'Élisabeth et le style de Mathilde **sont opposés**.*

• À la différence de : *Élisabeth semble sage, **à la différence** de Mathilde.*

6 • L'idée de cause, de conséquence et de but

Observez ces deux phrases :

> *Il est resté au lit **parce qu**'il est malade.*
> *Il est malade, **c'est pourquoi** il est resté au lit.*

• Dans les deux phrases, il s'agit exactement de la même chose mais :
– dans la première, on énonce un fait et on en donne ensuite la cause ;
– dans la seconde, on énonce un fait et on en donne ensuite la conséquence.

• Quelquefois, surtout à l'oral, quand le sens est clair, quand la relation cause-conséquence est évidente, il n'est pas nécessaire d'utiliser un terme particulier pour exprimer cette relation. Observez ces exemples :

> – *Champagne pour tout le monde ! J'ai réussi mon examen !*
> – *J'ai réussi mon examen ! Champagne pour tout le monde !*

> – *Je ne peux pas sortir ce soir, j'ai du travail.*
> – *J'ai du travail, je ne peux pas sortir ce soir.*

Cependant, dans d'autres cas, il est nécessaire d'utiliser les mots qui servent à exprimer la cause ou la conséquence.

L'expression de la cause

▉ Parce que/Puisque/Comme

• Parce que :

> – *Pourquoi tu pleures ?*
> – **Parce que** *je suis tombé, j'ai mal au bras.*

Parce que répond à la question Pourquoi ? On donne une explication.

• Comme :

> **Comme** *il était malade, j'ai fait venir le médecin.*
> **Comme** *l'autoroute était fermée, j'ai pris la Nationale 10.*

On indique les raisons d'une action, d'un fait, d'un phénomène. Ce n'est pas nécessairement une réponse à une question.
Comme est toujours en tête de phrase.

• Puisque :

> **Puisque** *tu es argentin, tu peux m'aider à traduire ce texte en espagnol ?*
> *Bon,* **puisque** *tu ne me réponds pas, moi, je m'en vais !*

Les deux personnes savent de quoi on parle. L'information est connue, évidente.

• Comparons « parce que » et « puisque » :

> – *Pourquoi tu mets tes bottes ?*
> – **Parce que** *je sors et* **qu**'*il pleut.*
> – *Bon.* **Puisque** *tu sors, tu peux rapporter du pain, s'il te plaît ?*

Parce que répond à l'interrogation. Puisque correspond à une constatation.

- Comparons « **parce que** » et « **comme** » :

> – *Un cadeau ! Mais **pourquoi** ? Ce n'est pas mon anniversaire !*
>
> – *C'est **parce que** tu as été très sage chez le dentiste.*
>
> ***Comme** mon fils a été très sage chez le dentiste, je lui ai fait un petit cadeau.*

Parce que répond à l'interrogation. **Comme** donne une explication mais n'est pas une réponse à une question.

- Comparons « **puisque** » et « **comme** » :

> *Écoute, **puisqu**'il pleut, on pourrait aller au cinéma.*
>
> *Hier, **comme** il pleuvait, Pierre et moi, nous sommes allés au cinéma.*

Avec **puisque**, on constate qu'il pleut. L'information est connue des deux interlocuteurs. Avec **comme**, on donne une explication. La personne à qui on parle ne sait peut-être pas qu'hier, il pleuvait.

■ En effet/Car

• **En effet** :

Le sens est à peu près le même que **parce que**. On introduit une explication, souvent détaillée ou encore une preuve.

En effet est souvent placé après un point ou après un point virgule.

On ne peut pas répondre à un **Pourquoi… ?** avec **en effet**.

> *Nous allons pouvoir nous voir bientôt. **En effet**, je serai à Bruxelles le 10. Dès que j'arrive, je t'appelle.*
>
> *Mon client ne peut pas être le coupable ; **en effet**, le jour du crime, il tenait compagnie à sa vieille mère malade.*

• **Car** :

Ce mot s'utilise surtout à l'écrit. Le sens est à peu près le même que **parce que** ou **en effet**.

Mais :

– impossible de répondre à un **Pourquoi… ?** avec un **car** ;

– impossible de commencer une phrase avec **car**.

> *Je n'ai pas pu venir à la réunion hier **car** j'avais rendez-vous chez le médecin.*

■ Le gérondif

> *Tu vois, **en faisant** un effort, tu as réussi* (= c'est parce que tu as fait un effort que tu as réussi).
>
> → Voir Gérondif, p. 72

■ À cause de/Grâce à/En raison de/À la suite de/Pour/De

• **À cause de** + nom ou pronom :

> *Les fleurs ont gelé **à cause du** froid.*
>
> *Il n'est pas venu **à cause de** moi ?*

Le sens de « à cause de » est le plus souvent négatif.

• **Grâce à** + nom ou pronom :

> – *C'est **grâce à** Olivier que j'ai eu ce travail.*
>
> – *Ah bon ? C'est vraiment **grâce à** lui ?*
>
> – *Oui, il m'a beaucoup aidé.*

Grâce à exprime une cause positive.

- En raison de **+ nom :**

> *En raison d'un incident technique, le trafic est interrompu sur la ligne 4 du métro.*
>
> *L'école sera fermée du 22 décembre au 3 janvier **en raison des** congés scolaires.*

En raison de s'utilise surtout dans un contexte officiel, administratif.

- À la suite de **+ nom :**

> *À **la suite** d'un accident sur l'autoroute A5, il y a un bouchon de 12 kilomètres dans la direction Sens-Paris.*

Le sens de à la suite de est à peu près le même que celui de en raison de, mais il y a en plus une idée d'immédiateté.

- Pour **+ nom :**

> *Il a été récompensé à Cannes **pour** son dernier film.*
>
> *Elle est réputée **pour** sa grande intelligence.*

- Pour **+ infinitif passé :**

> *Il a été condamné **pour avoir volé** une voiture.*
>
> *Il a été puni **pour être sorti** sans permission.*

- De **+ nom :**

> *Il tremble **de** fièvre.*
>
> *Il était vert **de** peur.*
>
> *Elle est rouge **de** colère.*

Et aussi...

- Causer, être (la) cause de.

> *L'alcool et la vitesse **sont cause de** 80 % des accidents.*

- Être à l'origine de.

> *Une fuite de gaz **est sans doute à l'origine de** l'incendie.*

- Provoquer.

> *Le mauvais temps **a provoqué** des embouteillages.*

- Entraîner.

> *Une nouvelle hausse du prix du pétrole **entraînerait** une crise financière mondiale.*

- S'expliquer par.

> *Le succès de cette équipe peut **s'expliquer par** sa régularité et par son travail.*

L'expression de la conséquence

Donc, par conséquent

> *Il n'y avait plus une seule place sur Air-France. Nous sommes **donc** partis avec Alitalia.*
>
> *Il n'y avait plus une seule place sur Air-France. **Par conséquent,** nous sommes partis avec Alitalia.*

■ (À l'oral) Alors/c'est pour ça que/Résultat

- Alors

  *Le bébé n'arrêtait pas de pleurer. **Alors,** j'ai appelé le médecin.*

- C'est pour ça que

  *Mon réveil n'a pas sonné. **C'est pour ça que** je suis en retard.*

- Résultat

  *Il a été insupportable. **Résultat** : il est allé au lit sans dîner.*

■ C'est pourquoi, c'est pour cette raison que

*Il ne supporte pas d'être enfermé. **C'est pour cette raison qu'**il ne prend jamais l'avion.*

__C'est pourquoi__ il ne prend jamais l'avion.

■ C'est ce qui explique

*Il y a une grève du métro. **C'est ce qui explique** tous ces embouteillages.*

■ Conséquence et intensité

- Si (tellement) + **adjectif** + que

  *Elle est **si (tellement) sympathique que** tout le monde l'adore.*

- Si (tellement) + **adverbe** + que

  *Il a couru **si (tellement) vite qu'**il a remporté la victoire.*

- Tant de (tellement de) + **nom** + que

  *Il y avait **tant de (tellement de) vent que** les bateaux n'ont pas pu partir.*

Et aussi...

- Une conséquence.

  *Ta décision peut avoir des **conséquences** graves.*

- Un résultat.

  *Tu as bien mesuré **le résultat** possible de cette affaire ?*

- Un effet.

  *Son discours mesuré **a eu pour effet** de calmer les esprits.*

L'expression du but

Définition

La notion de conséquence et la notion de but se ressemblent. Dans les deux cas, il s'agit d'un résultat. Résultat réel pour la conséquence, résultat désiré, voulu pour le but.

Comparez :

Il travaille. Donc, il réussit.   Le résultat est atteint.

Il travaille pour réussir.   Le résultat est désiré, voulu.

■ Pour/En vue de/Pour que/Afin de/Afin que

• **Pour + nom** ou **en vue de + nom**

> *Le nouveau maire a beaucoup fait **pour (en vue de)** l'amélioration de la ville.*
> *__Pour (en vue de)__ cet examen, mon fils a beaucoup travaillé.*

Remarque : pour + **nom** peut être en tête de phrase ou non.

• **Pour + infinitif** ou afin de **+ infinitif**

> *__Pour (afin de)__ réussir cette recette, suivez bien mes conseils.*
> *Il a fait beaucoup d'efforts **pour (afin de)** progresser en allemand.*

Remarques :

– Pour **+ infinitif** peut être en tête de phrase ou non ;
– Afin de est d'un registre plus soutenu, plus élégant que pour.

ATTENTION ! Dans les deux propositions, c'est la même personne qui fait les actions.

• **Pour que + subjonctif** ou afin que **+ subjonctif**

> *__Pour que (afin que)__ tu puisses venir, je vais changer la date du dîner chez moi.*
> *Vous pouvez intervenir **pour qu' (afin qu')** on fasse moins de bruit ?*

Remarques :

– Pour que (afin que) **+ subjonctif** peut être en tête de phrase ou non ;
– Afin que est d'un registre plus soutenu, plus élégant que pour que.

ATTENTION ! Dans les deux propositions, il y a obligatoirement deux sujets différents.

Et aussi…

• Un but, un objectif.

> *__Son but__ est clair : obtenir ce poste à tout prix !*

• Avoir pour but de.

> *Il **a pour but** de gagner beaucoup d'argent très vite.*

• Dans le but de.

> *Elle étudie les mathématiques **dans le but de** se spécialiser ensuite dans la recherche aéronautique.*

• Être destiné à.

> *Comme son nom l'indique, une chambre d'amis est **une chambre qui est destinée à** loger les amis qui viennent nous voir.*

POUR ALLER PLUS LOIN

• Avoir peur de/Avoir peur que :

Il s'agit d'un but non désiré (= pour que… ne… pas). Observez :

> *Il n'a rien dit, il avait peur d'être puni (= pour qu'on ne le punisse pas)*

• Avoir peur de **+ nom** :

> *Il conduit toujours très lentement : **il a peur d'un accident.***

• Avoir peur de **+ infinitif** :

> *Elle mange peu parce qu'**elle a peur d'**être malade.*

ATTENTION ! Dans les deux propositions, le sujet est obligatoirement le même.

• Avoir peur que **+ subjonctif** :

> *__J'avais peur que__ tu sois fâché.*

ATTENTION ! Dans les deux propositions, il y a obligatoirement deux sujets différents.

7 • L'idée de la concession

La concession

Définition
On parle de concession quand un fait ne produit pas le résultat attendu.

Observez

Elle a beaucoup travaillé **donc** *elle a réussi son examen.* → conséquence

Fait — résultat attendu

Elle a beaucoup travaillé **mais** *elle a raté son examen.* → concession

Fait — résultat inattendu

◼ Mais/Pourtant

Le soleil brille **mais** *il fait froid.*
Le soleil brille, **pourtant** *il fait froid.*

◼ Malgré + nom

Monsieur Duchêne a 80 ans. **Malgré** *son âge, il fait 3 heures de sport chaque jour.*

◼ Même si (concession + hypothèse) + présent ou imparfait

Même si nous partons maintenant, nous arriverons en retard.
Même si tu étais vieille est laide, je t'aimerais.

◼ Bien que + subjonctif

Bien qu'elle soit toujours souriante, les gens savent qu'elle est triste.

◼ Quand même

– *Ça va ?*
– *Non, je suis malade.*
– *Tu vas* **quand même** *travailler ?*
– *Oui ! À ce soir !*

8 • L'idée de l'ordre, de la suggestion et du conseil

L'ordre

Définition

Donner un ordre, c'est dire à quelqu'un de faire quelque chose.

Il existe de nombreuses manières de donner un ordre à quelqu'un. Cela peut aller de la demande polie à l'injonction brutale.

Imaginons qu'une personne donne l'ordre à une autre personne de fermer une fenêtre.

L'ordre sous l'aspect d'une demande polie

- **Questions au conditionnel présent**

  Pourriez-vous fermer la fenêtre, s'il vous plaît ?
  Est-ce que tu pourrais fermer la fenêtre, s'il te plaît ?
  Voudriez-vous fermer la fenêtre, s'il vous plaît ?
  Tu voudrais bien fermer la fenêtre, s'il te plaît ?

- **Questions au présent**

  Pouvez-vous fermer la fenêtre, s'il vous plaît ?
  Est-ce que tu peux fermer la fenêtre s'il te plaît ?
  Voulez-vous fermer la fenêtre, s'il vous plaît ?
  Tu veux bien fermer la fenêtre, s'il te plaît ?

L'ordre sous l'aspect d'une suggestion

- **Avec le conditionnel présent**

  Il faudrait peut-être fermer la fenêtre !
  Ce serait une bonne idée de fermer cette fenêtre !
  Vous pourriez fermer la fenêtre !/Tu pourrais fermer la fenêtre !

- **Avec « si + imparfait »**

  Si vous fermiez la fenêtre !/Si tu fermais la fenêtre !

L'ordre sous l'aspect de la nécessité

« Il faut + infinitif ».

  Il faut fermer la fenêtre !

« Devoir + infinitif ».

  Vous devez fermer la fenêtre !

« Il est nécessaire de/il est obligatoire de/il est interdit de + infinitif ».

  Il est nécessaire de fermer la fenêtre !
  Il est obligatoire de fermer la fenêtre !
  Il est interdit de laisser la fenêtre ouverte !

■ L'ordre brut(al)

- Sujet + pronom COI + ordonner + de + infinitif.

  Je vous ordonne de fermer la fenêtre !/Je t'ordonne de fermer la fenêtre !

- Avec l'impératif

  Fermez la fenêtre !

- Avec le nom

  La fenêtre !

La suggestion

Définition

Faire une suggestion c'est proposer une idée à quelqu'un.

Il existe principalement trois manières de suggérer quelque chose à quelqu'un.

■ Avec l'impératif

Allons au cinéma ce soir !

■ Avec « si+imparfait » sous la forme d'une question

Si nous allions au cinéma ce soir ?

■ Avec le verbe pouvoir au conditionnel présent + l'infinitif

Nous pourrions aller au cinéma ce soir !

Le conseil

Définition

Quand nous disons à quelqu'un de faire quelque chose qui est bien pour lui, nous donnons un conseil.

■ Avec l'impératif

Mangez des légumes !

■ Avec le verbe « devoir » au conditionnel présent + l'infinitif

Vous devriez manger des légumes !

■ Avec « ce serait bien de + infinitif »

Ce serait bien de manger des légumes !

■ Avec « il faut » au conditionnel présent + que + subjonctif présent

Il faudrait que vous mangiez des légumes !

■ Avec le verbe « faire » au conditionnel présent + « bien/mieux » + « de » + infinitif

Vous feriez bien de manger des légumes si vous ne voulez pas tomber malade.

9 • L'idée de la condition, de l'hypothèse et de la supposition

L'expression de la condition et de l'hypothèse

■ Pour demander quelque chose, conseiller quelque chose, faire des projets, exprimer un désir...

• Si **+ présent :**

> *Si tu vas à Naples, va voir Lorenzo de ma part.* (Si + présent//impératif)
> *Si tu vas à Naples, je vais avec toi.* (Si + présent//présent)
> *Tu pourras habiter chez Lorenzo si tu vas à Naples.* (Si + présent//futur)

On pense que le voyage à Naples est probable, qu'il peut se réaliser.

ATTENTION ! **Si n'est jamais suivi d'un futur, d'un conditionnel ou d'un subjonctif.**

• À condition de **+ infinitif**

> *Tu peux venir à condition de rester tranquille.*

Ta venue est possible, réalisable à une condition : que tu restes tranquille.

ATTENTION ! C'est la même personne qui réalise les actions « venir » et « rester ».

• À condition que **+ subjonctif**

> *Tu peux venir à condition que ta mère soit d'accord.*

Ta venue est possible, réalisable à une condition : la permission de ta mère.

ATTENTION ! Il y a obligatoirement deux sujets différents.

• Sinon **+ indicatif**

Mange, sinon tu auras faim dans une heure.

(= si tu ne manges pas, tu auras faim dans une heure)

■ Pour exprimer un désir non réalisable maintenant, un souhait ou un regret

• Si **+ imparfait**

> *Si je pouvais aller avec toi à Naples, je le ferais.*

Si + imparfait//conditionnel présent (mais actuellement, je ne peux pas).

> *J'achèterais un bateau à voile si j'avais de l'argent.*

Si + imparfait//conditionnel présent (mais actuellement, je n'en ai pas).

> *S'il faisait beau demain, on pourrait aller se promener.*

(On ne sait pas s'il fera beau mais c'est possible).

Dans les deux premières phrases, la condition ne peut pas être réalisée actuellement.
Dans la troisième phrase, la condition est possible dans l'avenir.

ATTENTION ! **Si n'est jamais suivi d'un futur, d'un conditionnel ou d'un subjonctif.**

133

- **Avec, sans**

>   *Avec une ceinture, cette robe serait plus jolie.* (= si tu mettais une ceinture…)
>   *On serait bien malheureux **sans** amis.* (= si on n'avait pas d'amis…)

- **Le gérondif**

>   *En travaillant plus, tu réussirais mieux.* (= si tu travaillais plus…)

■ Pour exprimer un regret, un reproche, une excuse, une justification…

- Si + plus-que-parfait

>   *Si tu étais venu hier, tu aurais vu mon frère.*

Si + plus-que-parfait//conditionnel passé (mais tu n'es pas venu et tu ne l'as pas vu).

>   *Je serais venu **si j'avais su** que ton frère était là.*

(mais je ne le savais pas et je ne suis pas venu).

La condition n'a pas été réalisée et donc l'événement n'a pas eu lieu.

Remarque : la proposition qui commence par **si** peut être en tête de phrase ou non.
ATTENTION ! Si n'est jamais suivi d'un futur, d'un conditionnel ou d'un subjonctif.

- **Le gérondif**

>   *En travaillant plus, tu aurais mieux réussi.*

(= Si tu avais travaillé plus…)

La supposition

Définition
Supposer quelque chose, c'est imaginer une réponse possible à une question ou à un problème.

■ « Je suppose que » + indicatif

>   *Il n'est pas venu. **Je suppose qu'**il est malade.*

■ « Il est probable que » + indicatif

>   *Il n'est pas venu. **Il est probable qu'**il enverra un mot d'excuse.*

(= je pense qu'il le fera.)

■ Probablement, sans doute

>   *Il n'est pas venu. Il est **probablement (sans doute)** malade.*

ATTENTION ! Sans doute signifie *peut-être*, *probablement*. Si vous voulez dire qu'il n'y a pas de doute :
sans aucun doute.

■ « Il est possible que » + subjonctif ; « il se peut que » + subjonctif

>   *Il n'est pas venu. **Il est possible qu'** (**il se peut qu'**) il soit malade.*

(mais je ne le sais pas, c'est une simple éventualité.)

■ Peut-être

*Il n'est pas venu. Il est **peut-être** malade (c'est une simple éventualité.)*

■ En cas de **+ nom**

__En cas d'absence__, adressez-vous au 15.

■ Au cas où **+ conditionnel**

__Au cas où__ je ne serais pas là, les clés sont chez la concierge.
(= si par hasard, je n'étais pas là…)

Et aussi…

• Dans ces conditions ; si c'est comme ça, puisque c'est comme ça (oral)

    – *L'appartement ne correspond pas à la description que vous m'avez envoyée. **Dans ces conditions**, je refuse de payer.*

    – *Bon, **si c'est comme ça**, je garde les 250 euros que vous avez déjà donnés.*

10 • Une opinion

Définition
Comment donner son avis, exprimer son opinion ; dire qu'on aime ou non quelqu'un ou quelque chose ; dire qu'on est d'accord ou non avec quelqu'un ; dire qu'on est sûr ou non de quelque chose…

■ Donner son avis

> *Moi, je pense que…*

- À mon avis
- Pour moi
- D'après moi
- Selon moi

> *À mon avis, tout le monde doit lire ce livre.*

- Je pense que/je crois que + **indicatif**
> *Je pense que tout le monde doit lire ce livre.*

- Je trouve que
> *Je trouve que ce livre est intéressant.*

- Je trouve + **nom** + **adjectif**
> *Je trouve ce livre intéressant.*

- Je + **pronom COD** + trouve + **adjectif**
> *Je le trouve intéressant.*

■ Dire qu'on aime quelque chose ou quelqu'un (du plus fort au plus faible)

> *J'adore danser mais il déteste ça !*

- J'adore + **nom**/+ **infinitif**/+ que et **subjonctif**
> *Il adore les compliments*
> *Il adore être félicité.*
> *Il adore qu'on lui fasse des compliments.*

- C'est super. C'est extra. C'est génial.
> *Les compliments, c'est super !*

- J'aime beaucoup + **nom**/+ **infinitif**/+ que et **subjonctif**
> *Il aime beaucoup les voyages.*
> *Il aime beaucoup voyager.*
> *Il aime beaucoup qu'on lui propose un voyage.*

- … me plaît (beaucoup).
> *Les voyages, ça lui plaît beaucoup.*
> *Les livres, ça me plaît. Lire, ça me plaît.*

- J'aime bien + **nom**/+ **infinitif**/+ que et **subjonctif**
> *J'aime bien les livres.*
> *J'aime bien lire.*
> *J'aime bien qu'on m'offre des livres.*

- J'aime assez + nom/+ infinitif/+ que et subjonctif

  *En France, **on aime assez** l'autocritique.*

  *En France, **on aime assez** se critiquer soi-même.*

  *En France, **on aime assez** que les autres se critiquent eux-mêmes mais on n'aime pas beaucoup qu'ils nous critiquent.*

  *L'autocritique, **ça plaît assez** aux Français.*

▪ Dire qu'on n'aime pas quelque chose ou quelqu'un (du plus fort au plus faible)

  Je déteste le football!

- Je déteste + nom/+ infinitif/+ que et subjonctif

  Je déteste les mensonges. Je déteste mentir et je déteste qu'on me mente.

- ... ne me plaît pas (du tout).

  Les mensonges, ça ne me plaît pas du tout!

  Mentir, ça ne me plaît pas du tout!

- J'ai horreur de + nom/de + infinitif/que + subjonctif

  *Il a toujours **eu horreur** des examens, **horreur** d'en passer et **horreur** qu'on s'en aperçoive.*

  Les examens, il a horreur de ça!

- Je n'aime pas du tout + nom/+ infinitif/+ que et subjonctif

  Elle n'aime pas du tout la danse.

  Elle n'aime pas du tout danser.

  Elle n'aime pas du tout qu'on l'invite à danser.

- Je n'aime pas beaucoup + nom/+ infinitif/+ que et subjonctif

  Je n'aime pas beaucoup la contrainte.

  Je n'aime pas beaucoup faire ce que je ne veux pas.

  Je n'aime pas beaucoup qu'on m'oblige à faire ce que je ne veux pas.

- Je n'aime pas trop + nom/+ infinitif/+ que et subjonctif

  – Vous n'aimez pas trop ce film, n'est-ce pas?

  *– Bof! Non, pas beaucoup. Je n'aime **pas trop** voir des gens s'entre-tuer.*

  Et je n'aime pas qu'on me fasse la morale sur le Bien et le Mal.

▪ Dire qu'on préfère quelque chose ou quelqu'un

  Je préfère tricoter!

- Je préfère + nom/+ infinitif/+ que et subjonctif

  – Alors, vous préférez les films plus « intimistes »?

- J'aime mieux + nom/+ infinitif/+ que et subjonctif

  – Oui, et surtout j'aime mieux que le metteur en scène soit plus subtil.

▪ Dire qu'on est d'accord avec quelque chose ou quelqu'un

  D'accord? Pas d'accord?

- Je suis pour

  – Qui est pour cette décision? Levez la main.

- Je suis favorable à
  - *Moi, **je suis tout à fait favorable** à cette proposition. Bravo! Je vote **pour**.*
- Je partage l'avis de **X**
- Je suis du même avis que **lui**
- Je suis de son avis
  - *Moi aussi, **je suis du même avis**.*
- Je suis comme **X**/je trouve que
  - *Et moi, pareil! **Je trouve que Michel a raison**.*
- **X** a raison/a tout à fait raison/a absolument raison
  - *Il a **absolument raison**. Je vote pour aussi.*

■ Dire qu'on n'est pas d'accord avec quelque chose ou quelqu'un

Moi, voter pour lui? Jamais de la vie!

- Je suis contre/*je suis opposé à*
  - *Désolé, pas moi! **Je suis tout à fait opposé à** cette idée et je voterai **contre**.*
- Je ne partage pas l'avis de **X**/je ne suis pas de son avis/je ne suis pas du même avis que **lui/X** a (totalement) tort.
  - *Écoute, **tu as tort** de dire ça. Moi, **je ne partage pas** ton avis. Michel a raison et toi, **tu as tort**.*

■ Dire qu'on est sûr de quelque chose

  - *J'en suis sûr!*
  - *Tu as peut-être raison.*
- **Pour moi,** il n'y a aucun doute
  - *Pour nous, **il n'y a aucun doute**, il faut voter pour les Verts.*
- Je suis (absolument) sûr que/(absolument) certain que + **indicatif**
  - *Hum... **Tu es certain que** c'est le bon choix?*
- Bien évidemment/il est évident que/il est clair que... + **indicatif**
  - *Évidemment! **Il est clair qu'**ils sont les meilleurs!*

■ Dire qu'on est presque sûr de quelque chose

Elle est amoureuse? Ça ne m'étonne pas!

- Je suis presque sûr que + **indicatif**
- Je suppose que + **indicatif**
  - *Mais **je suis presque sûr qu'**ils vont perdre.*
- Ça ne m'étonnerait pas que + **subjonctif/probablement**
  - *Tu as **probablement** raison. Mais **ça ne m'étonnerait pas que** beaucoup de gens votent pour eux.*

■ Dire qu'on n'est pas sûr de quelque chose

C'est sans doute vrai mais je n'en suis pas certain.

- Je ne sais pas si + indicatif/peut-être/sans doute/il n'est pas impossible que + **subjonctif**
  - *Je ne sais pas si c'est vrai ou non. On verra.*
  - *Après tout, **il n'est pas impossible que** tu aies raison.*

ANNEXES

CONJUGAISON DE QUELQUES VERBES IMPORTANTS

■ ÊTRE

Présent	Imparfait	Futur	Passé composé	Plus-que-parfait
je suis	j'étais	je serai	j'ai été	j'avais été
tu es	tu étais	tu seras	tu as été	tu avais été
il est	il était	il sera	il a été	il avait été
nous sommes	nous étions	nous serons	nous avons été	nous avions été
vous êtes	vous étiez	vous serez	vous avez été	vous aviez été
ils sont	ils étaient	ils seront	ils ont été	ils avaient été

Subjonctif	Conditionnel présent	Conditionnel passé	Impératif
que je sois	je serais	j'aurais été	Sois !
que tu sois	tu serais	tu aurais été	
qu'il soit	il serait	il aurait été	
que nous soyons	nous serions	nous aurions été	Soyons !
que vous soyez	vous seriez	vous auriez été	Soyez !
qu'ils soient	ils seraient	ils auraient été	

Infinitif	Participe présent	Gérondif	Participe passé
être	étant	en étant	été
avoir été			

Exemples :

Avant, il était plus calme.
Il est allé au cinéma hier soir.

Il faut que tu sois à l'heure !
Attention ! Sois prudent !

■ AVOIR

Présent	Imparfait	Futur	Passé composé	Plus-que-parfait
j'ai	j'avais	j'aurai	j'ai eu	j'avais eu
tu as	tu avais	tu auras	tu as eu	tu avais eu
il a	il avait	il aura	il a eu	il avait eu
nous avons	nous avions	nous aurons	nous avons eu	nous avions eu
vous avez	vous aviez	vous aurez	vous avez eu	vous aviez eu
ils ont	ils avaient	ils auront	ils ont eu	ils avaient eu

Subjonctif	Conditionnel présent	Conditionnel passé	Impératif
que j'aie	j'aurais	j'aurais eu	Aie !
que tu aies	tu aurais	tu aurais eu	
qu'il ait	il aurait	il aurait eu	
que nous ayons	nous aurions	nous aurions eu	Ayons !
que vous ayez	vous auriez	vous auriez eu	Ayez !
qu'ils aient	ils auraient	ils auraient eu	

Infinitif	Participe présent	Gérondif	Participe passé
avoir	ayant	en ayant	eu
avoir eu			

Exemples :

En 1990, j'avais vingt ans.
Vous avons eu trois enfants.

Vous aurez le temps de faire ce travail ?
Il faut avoir confiance en moi.

■ AIMER

Présent	Imparfait	Futur	Passé composé	Plus-que-parfait
j'aime	j'aimais	j'aimerai	j'ai aimé	j'avais aimé
tu aimes	tu aimais	tu aimeras	tu as aimé	tu avais aimé
il aime	il aimait	il aimera	il a aimé	il avait aimé
nous aimons	nous aimions	nous aimerons	nous avons aimé	nous avions aimé
vous aimez	vous aimiez	vous aimerez	vous avez aimé	vous aviez aimé
ils aiment	ils aimaient	ils aimeront	ils ont aimé	ils avaient aimé

Subjonctif	Conditionnel présent	Conditionnel passé	Impératif
que j'aime	j'aimerais	j'aurais aimé	Aime !
que tu aimes	tu aimerais	tu aurais aimé	
qu'il aime	il aimerait	il aurait aimé	
que nous aimions	nous aimerions	nous aurions aimé	Aimons !
que vous aimiez	vous aimeriez	vous auriez aimé	Aimez !
qu'ils aiment	ils aimeraient	ils auraient aimé	

Infinitif	Participe présent	Gérondif	Participe passé
aimer avoir aimé	aimant	en aimant	aimé

Exemples :

Tu aimes le chocolat ?

J'aimerais beaucoup venir avec vous.

Vous avez aimé ce film ?

J'avais aimé le livre mais je n'aime pas le film.

Se conjuguent comme aimer **tous les verbes en** -er **sauf** aller.

■ SE LEVER

Présent	Imparfait	Futur	Passé composé	Plus-que-parfait
je me lève	je me levais	je me lèverai	je me suis levé	je m'étais levé
tu te lèves	tu te levais	tu te lèveras	tu t'es levé	tu t'étais levé
il se lève	il se levait	il se lèvera	il s'est levé	il s'était levé
nous nous levons	nous nous levions	nous nous lèverons	nous nous sommes levés	nous nous étions levés
vous vous levez	vous vous leviez	vous vous lèverez	vous vous êtes levés	vous vous étiez levés
ils se lèvent	ils se levaient	ils se lèveront	ils se sont levés	ils s'étaient levés

Subjonctif	Conditionnel présent	Conditionnel passé	Impératif
que je me lève	je me lèverais	je me serais levé	Lève-toi !
que tu te lèves	tu te lèverais	tu te serais levé	
qu'il se lève	il se lèverait	il se serait levé	
que nous nous levions	nous nous lèverions	nous nous serions levés	Levons-nous !
que vous vous leviez	vous vous lèveriez	vous vous seriez levés	Levez-vous !
qu'ils se lèvent	ils se lèveraient	ils se seraient levés	

Infinitif	Participe présent	Gérondif	Participe passé
se lever s'être levé	se levant	en se levant	levé

Exemples :

Avant, on se levait plus tôt.

Il s'est levé à quelle heure ce matin ?

Allez, debout ! Il faut que tu te lèves !

Lève-toi vite !

ALLER

Présent	Imparfait	Futur	Passé composé	Plus-que-parfait
je vais	j'allais	j'irai	je suis allé	j'étais allé
tu vas	tu allais	tu iras	tu es allé	tu étais allé
il va	il allait	il ira	il est allé	il était allé
nous allons	nous allions	nous irons	nous sommes allés	nous étions allés
vous allez	vous alliez	vous irez	vous êtes allés	vous étiez allés
ils vont	ils allaient	ils iront	ils sont allés	ils étaient allés

Subjonctif	Conditionnel présent	Conditionnel passé	Impératif
que j'aille	j'irais	je serais allé	Va !
que tu ailles	tu irais	tu serais allé	
qu'il aille	il irait	il serait allé	
que nous allions	nous irions	nous serions allés	Allons !
que vous alliez	vous iriez	vous seriez allés	Allez !
qu'ils aillent	ils iraient	ils seraient allés	

Infinitif	Participe présent	Gérondif	Participe passé
aller être allé	allant	en allant	allé

Exemples :

Enfant, j'allais en vacances chez mon grand-père.
On ira à la plage demain.

Il faut qu'ils aillent voir cette exposition !
Va faire les courses !

BOIRE

Présent	Imparfait	Futur	Passé composé	Plus-que-parfait
je bois	je buvais	je boirai	j'ai bu	j'avais bu
tu bois	tu buvais	tu boiras	tu as bu	tu avais bu
il boit	il buvait	il boira	il a bu	il avait bu
nous buvons	nous buvions	nous boirons	nous avons bu	nous avions bu
vous buvez	vous buviez	vous boirez	vous avez bu	vous aviez bu
ils boivent	ils buvaient	ils boiront	ils ont bu	ils avaient bu

Subjonctif	Conditionnel présent	Conditionnel passé	Impératif
que je boive	je boirais	j'aurais bu	Bois !
que tu boives	tu boirais	tu aurais bu	
qu'il boive	il boirait	il aurait bu	
que nous buvions	nous boirions	nous aurions bu	Buvons !
que vous buviez	vous boiriez	vous auriez bu	Buvez !
qu'ils boivent	ils boiraient	ils auraient bu	

Infinitif	Participe présent	Gérondif	Participe passé
boire avoir bu	buvant	en buvant	bu

Exemples :

Tu veux boire quelque chose ?
Il a trop bu, il est malade.

Vous avez déjà bu du champagne rosé ?
Buvons à la santé des amis absents !

■ CONNAÎTRE

Présent	Imparfait	Futur	Passé composé	Plus-que-parfait
je connais	je connaissais	je connaîtrai	j'ai connu	j'avais connu
tu connais	tu connaissais	tu connaîtras	tu as connu	tu avais connu
il connaît	il connaissait	il connaîtra	il a connu	il avait connu
nous connaissons	nous connaissions	nous connaîtrons	nous avons connu	nous avions connu
vous connaissez	vous connaissiez	vous connaîtrez	vous avez connu	vous aviez connu
ils connaissent	ils connaissaient	ils connaîtront	ils ont connu	ils avaient connu

Subjonctif	Conditionnel présent	Conditionnel passé	Impératif
que je connaisse	je connaîtrais	j'aurais connu	Connais !
que tu connaisses	tu connaîtrais	tu aurais connu	
qu'il connaisse	il connaîtrait	il aurait connu	
que nous connaissions	nous connaîtrions	nous aurions connu	Connaissons !
que vous connaissiez	vous connaîtriez	vous auriez connu	Connaissez !
qu'ils connaissent	ils connaîtraient	ils auraient connu	

Infinitif	Participe présent	Gérondif	Participe passé
connaître	connaissant	en connaissant	connu
avoir connu			

Exemples :
Vous connaissez Laurence ?
J'ai bien connu vos parents.

Viens, comme ça, tu connaîtras ma mère.
J'aimerais que tu la connaisses.

Se conjuguent comme connaître **: les verbes** reconnaître, paraître, apparaître, disparaître.

■ CROIRE

Présent	Imparfait	Futur	Passé composé	Plus-que-parfait
je crois	je croyais	je croirai	j'ai cru	j'avais cru
tu crois	tu croyais	tu croiras	tu as cru	tu avais cru
il croit	il croyait	il croira	il a cru	il avait cru
nous croyons	nous croyions	nous croirons	nous avons cru	nous avions cru
vous croyez	vous croyiez	vous croirez	vous avez cru	vous aviez cru
ils croient	ils croyaient	ils croiront	ils ont cru	ils avaient cru

Subjonctif	Conditionnel présent	Conditionnel passé	Impératif
que je croie	je croirais	j'aurais cru	Crois !
que tu croies	tu croirais	tu aurais cru	
qu'il croie	il croirait	il aurait cru	
que nous croyions	nous croirions	nous aurions cru	Croyons !
que vous croyiez	vous croiriez	vous auriez cru	Croyez !
qu'ils croient	ils croiraient	ils auraient cru	

Infinitif	Participe présent	Gérondif	Participe passé
croire	croyant	en croyant	cru
avoir cru			

Exemples :
Il croit à n'importe quoi !
Tu l'as cru, toi ?

Crois-moi, c'est vrai !

Attention à l'imparfait et au subjonctif : *nous croyions, que nous croyions.*

DEVOIR

Présent	Imparfait	Futur	Passé composé	Plus-que-parfait
je dois	je devais	je devrai	j'ai dû	j'avais dû
tu dois	tu devais	tu devras	tu as dû	tu avais dû
il doit	il devait	il devra	il a dû	il avait dû
nous devons	nous devions	nous devrons	nous avons dû	nous avions dû
vous devez	vous deviez	vous devrez	vous avez dû	vous aviez dû
ils doivent	ils devaient	ils devront	ils ont dû	ils avaient dû

Subjonctif	Conditionnel présent	Conditionnel passé	Impératif
que je doive	je devrais	j'aurais dû	Dois !
que tu doives	tu devrais	tu aurais dû	
qu'il doive	il devrait	il aurait dû	
que nous devions	nous devrions	nous aurions dû	Devons !
que vous deviez	vous devriez	vous auriez dû	Devez !
qu'ils doivent	ils devraient	ils auraient dû	

Infinitif	Participe présent	Gérondif	Participe passé
devoir	devant	en devant	dû
avoir dû			

Exemples :

Je vous dois combien ?   *Si tu es malade, tu devrais aller chez le médecin.*

Vous me devez dix euros cinquante.

Attention à l'accent circonflexe sur le u du participe passé : *j'ai **dû**...*

DIRE

Présent	Imparfait	Futur	Passé composé	Plus-que-parfait
je dis	je disais	je dirai	j'ai dit	j'avais dit
tu dis	tu disais	tu diras	tu as dit	tu avais dit
il dit	il disait	il dira	il a dit	il avait dit
nous disons	nous disions	nous dirons	nous avons dit	nous avions dit
vous dites	vous disiez	vous direz	vous avez dit	vous aviez dit
ils disent	ils disaient	ils diront	ils ont dit	ils avaient dit

Subjonctif	Conditionnel présent	Conditionnel passé	Impératif
que je dise	je dirais	j'aurais dit	Dis !
que tu dises	tu dirais	tu aurais dit	
qu'il dise	il dirait	il aurait dit	
que nous disions	nous dirions	nous aurions dit	Disons !
que vous disiez	vous diriez	vous auriez dit	Dites !
qu'ils disent	ils diraient	ils auraient dit	

Infinitif	Participe présent	Gérondif	Participe passé
dire	disant	en disant	dit
avoir dit			

Exemples :

Qu'est-ce que vous dites ?   *Je t'ai dit que je partais demain ?*

Dites-moi tout, je vous écoute.   *En disant ça, il est devenu très rouge.*

Se conjugue comme dire : interdire.

Sauf : – Vous interdisez (présent).

– Interdisez ! (impératif).   **Attention à la forme irrégulière : vous <u>dites</u>.**

■ DORMIR

Présent	Imparfait	Futur	Passé composé	Plus-que-parfait
je dors	je dormais	je dormirai	j'ai dormi	j'avais dormi
tu dors	tu dormais	tu dormiras	tu as dormi	tu avais dormi
il dort	il dormait	il dormira	il a dormi	il avait dormi
nous dormons	nous dormions	nous dormirons	nous avons dormi	nous avions dormi
vous dormez	vous dormiez	vous dormirez	vous avez dormi	vous aviez dormi
ils dorment	ils dormaient	ils dormiront	ils ont dormi	ils avaient dormi

Subjonctif	Conditionnel présent	Conditionnel passé	Impératif
que je dorme	je dormirais	j'aurais dormi	Dors !
que tu dormes	tu dormirais	tu aurais dormi	
qu'il dorme	il dormirait	il aurait dormi	
que nous dormions	nous dormirions	nous aurions dormi	Dormons !
que vous dormiez	vous dormiriez	vous auriez dormi	Dormez !
qu'ils dorment	ils dormiraient	ils auraient dormi	

Infinitif	Participe présent	Gérondif	Participe passé
dormir	dormant	en dormant	dormi
avoir dormi			

Exemples :
Vous avez bien dormi ?

Tais-toi et dors !
Il parle en dormant.

Se conjuguent comme dormir : sentir, mentir.

■ ÉCRIRE

Présent	Imparfait	Futur	Passé composé	Plus-que-parfait
j'écris	j'écrivais	j'écrirai	j'ai écrit	j'avais écrit
tu écris	tu écrivais	tu écriras	tu as écrit	tu avais écrit
il écrit	il écrivait	il écrira	il a écrit	il avait écrit
nous écrivons	nous écrivions	nous écrirons	nous avons écrit	nous avions écrit
vous écrivez	vous écriviez	vous écrirez	vous avez écrit	vous aviez écrit
ils écrivent	ils écrivaient	ils écriront	ils ont écrit	ils avaient écrit

Subjonctif	Conditionnel présent	Conditionnel passé	Impératif
que j'écrive	j'écrirais	j'aurais écrit	Ecris !
que tu écrives	tu écrirais	tu aurais écrit	
qu'il écrive	il écrirait	il aurait écrit	
que nous écrivions	nous écririons	nous aurions écrit	Ecrivons !
que vous écriviez	vous écririez	vous auriez écrit	Ecrivez !
qu'ils écrivent	ils écriraient	ils auraient écrit	

Infinitif	Participe présent	Gérondif	Participe passé
écrire	écrivant	en écrivant	écrit
avoir écrit			

Exemples : Tu lui as écrit depuis son départ ? Prenez vos cahiers et écrivez !
Fais bien attention en écrivant son adresse, ne te trompe pas !

Se conjuguent comme écrire : décrire, inscrire.

■ FAIRE

Présent	Imparfait	Futur	Passé composé	Plus-que-parfait
je fais	je faisais	je ferai	j'ai fait	j'avais fait
tu fais	tu faisais	tu feras	tu as fait	tu avais fait
il fait	il faisait	il fera	il a fait	il avait fait
nous faisons	nous faisions	nous ferons	nous avons fait	nous avions fait
vous faites	vous faisiez	vous ferez	vous avez fait	vous aviez fait
ils font	ils faisaient	ils feront	ils ont fait	ils avaient fait

Subjonctif	Conditionnel présent	Conditionnel passé	Impératif
que je fasse	je ferais	j'aurais fait	Fais !
que tu fasses	tu ferais	tu aurais fait	
qu'il fasse	il ferait	il aurait fait	
que nous fassions	nous ferions	nous aurions fait	Faisons !
que vous fassiez	vous feriez	vous auriez fait	Faites !
qu'ils fassent	ils feraient	ils auraient fait	

Infinitif	Participe présent	Gérondif	Participe passé
faire avoir fait	faisant	en faisant	fait

Exemples :
Ça y est ? Ton travail est fait ?

Je voudrais que vous fassiez bien attention.
Qui fera la vaisselle ? Toi ou moi ? Faisons la paix !

Attention à la forme irrégulière : **vous <u>faites</u>** et à la prononciation : nous faisons = [nufəzɔ̃] ; il faisait = [ilfəzɛ].

■ FINIR

Présent	Imparfait	Futur	Passé composé	Plus-que-parfait
je finis	je finissais	je finirai	j'ai fini	j'avais fini
tu finis	tu finissais	tu finiras	tu as fini	tu avais fini
il finit	il finissait	il finira	il a fini	il avait fini
nous finissons	nous finissions	nous finirons	nous avons fini	nous avions fini
vous finissez	vous finissiez	vous finirez	vous avez fini	vous aviez fini
ils finissent	ils finissaient	ils finiront	ils ont fini	ils avaient fini

Subjonctif	Conditionnel présent	Conditionnel passé	Impératif
que je finisse	je finirais	j'aurais fini	Finis !
que tu finisses	tu finirais	tu aurais fini	
qu'il finisse	il finirait	il aurait fini	
que nous finissions	nous finirions	nous aurions fini	Finissons !
que vous finissiez	vous finiriez	vous auriez fini	Finissez !
qu'ils finissent	ils finiraient	ils auraient fini	

Infinitif	Participe présent	Gérondif	Participe passé
finir avoir fini	finissant	en finisssant	fini

Exemples :
Tu as fini ?
Je voudrais que tu finisses ton travail avant d'aller jouer.

Je finirai mon travail demain.
On finit la partie ?

Se conjuguent comme finir : bâtir, choisir, fleurir, guérir, obéir, punir, réfléchir, remplir, réunir, réussir...

■ LIRE

Présent	Imparfait	Futur	Passé composé	Plus-que-parfait
je lis	je lisais	je lirai	j'ai lu	j'avais lu
tu lis	tu lisais	tu liras	tu as lu	tu avais lu
il lit	il lisait	il lira	il a lu	il avait lu
nous lisons	nous lisions	nous lirons	nous avons lu	nous avions lu
vous lisez	vous lisiez	vous lirez	vous avez lu	vous aviez lu
ils lisent	ils lisaient	ils liront	ils ont lu	ils avaient lu

Subjonctif	Conditionnel présent	Conditionnel passé	Impératif
que je lise	je lirais	j'aurais lu	Lis !
que tu lises	tu lirais	tu aurais lu	
qu'il lise	il lirait	il aurait lu	
que nous lisions	nous lirions	nous aurions lu	Lisons !
que vous lisiez	vous liriez	vous auriez lu	Lisez !
qu'ils lisent	ils liraient	ils auraient lu	

Infinitif	Participe présent	Gérondif	Participe passé
lire	lisant	en lisant	lu
avoir lu			

Exemples :

Qu'est-ce que tu lis ?

S'il te plaît, lis-moi une histoire.

J'aimerais que tu me lises quelque chose.

J'ai lu un roman de Pasternak. cette semaine.

Se conjugue comme lire : élire.

■ METTRE

Présent	Imparfait	Futur	Passé composé	Plus-que-parfait
je mets	je mettais	je mettrai	j'ai mis	j'avais mis
tu mets	tu mettais	tu mettras	tu as mis	tu avais mis
il met	il mettait	il mettra	il a mis	il avait mis
nous mettons	nous mettions	nous mettrons	nous avons mis	nous avions mis
vous mettez	vous mettiez	vous mettrez	vous avez mis	vous aviez mis
ils mettent	ils mettaient	ils mettront	ils ont mis	ils avaient mis

Subjonctif	Conditionnel présent	Conditionnel passé	Impératif
que je mette	je mettrais	j'aurais mis	Mets !
que tu mettes	tu mettrais	tu aurais mis	
qu'il mette	il mettrait	il aurait mis	
que nous mettions	nous mettrions	nous aurions mis	Mettons !
que vous mettiez	vous mettriez	vous auriez mis	Mettez !
qu'ils mettent	ils mettraient	ils auraient mis	

Infinitif	Participe présent	Gérondif	Participe passé
mettre	mettant	en mettant	mis
avoir mis			

Exemples :

Mets ton manteau, il fait froid.

Tu as mis la lettre à la poste ?

Je voudrais que tu mettes tes chaussures noires.

Se conjuguent comme mettre : **les verbes** admettre, permettre, promettre.

■ MOURIR

Présent	Imparfait	Futur	Passé composé	Plus-que-parfait
je meurs	je mourais	je mourrai	je suis mort	j'étais mort
tu meurs	tu mourais	tu mourras	tu es mort	tu étais mort
il meurt	il mourait	il mourra	il est mort	il était mort
nous mourons	nous mourions	nous mourrons	nous sommes morts	nous étions morts
vous mourez	vous mouriez	vous mourrez	vous êtes morts	vous étiez morts
ils meurent	ils mouraient	ils mourront	ils sont morts	ils étaient morts

Subjonctif	Conditionnel présent	Conditionnel passé	Impératif
que je meure	je mourrrais	je serais mort	Meurs !
que tu meures	tu mourrais	tu serais mort	
qu'il meure	il mourrait	il serait mort	
que nous mourions	nous mourrions	nous serions morts	Mourons !
que vous mouriez	vous mourriez	vous seriez morts	Mourez !
qu'ils meurent	ils mourraient	ils seraient morts	

Infinitif	Participe présent	Gérondif	Participe passé
mourir être mort	mourant	en mourant	mort

Exemples : Victor Hugo est mort à Paris.   Je suis mort de faim !

Attention à la différence entre l'imparfait *(je mou<u>r</u>ais, vous mou<u>r</u>iez)* **et le conditionnel présent** *(je mou<u>rr</u>ais, vous mou<u>rr</u>iez).*

■ NAÎTRE

Présent	Imparfait	Futur	Passé composé	Plus-que-parfait
je nais	je naissais	je naîtrai	je suis né	j'étais né
tu nais	tu naissais	tu naîtras	tu es né	tu étais né
il naît	il naissait	il naîtra	il est né	il était né
nous naissons	nous naissions	nous naîtrons	nous sommes nés	nous étions nés
vous naissez	vous naissiez	vous naîtrez	vous êtes nés	vous étiez nés
ils naissent	ils naissaient	ils naîtront	ils sont nés	ils étaient nés

Subjonctif	Conditionnel présent	Conditionnel passé	Impératif
que je naisse	je naîtrais	je serais né	Nais !
que tu naisses	tu naîtrais	tu serais né	
qu'il naisse	il naîtrait	il serait né	
que nous naissions	nous naîtrions	nous serions nés	Naissons !
que vous naissiez	vous naîtriez	vous seriez nés	Naissez !
qu'ils naissent	ils naîtraient	ils seraient nés	

Infinitif	Participe présent	Gérondif	Participe passé
naître être né	naissant	en naissant	né

Exemples :   *Tous ses enfants sont nés en Italie.*
Son bébé naîtra en mars.   *Cette mode est née en Angleterre au XVIIIe siècle.*
Avant, on disait que les enfants naissaient dans les choux ou dans les roses.

Ce verbe se conjugue à peu près comme connaître. **Mais attention au participe passé :** né.

■ OUVRIR

Présent	Imparfait	Futur	Passé composé	Plus-que-parfait
j'ouvre	j'ouvrais	j'ouvrirai	j'ai ouvert	j'avais ouvert
tu ouvres	tu ouvrais	tu ouvriras	tu as ouvert	tu avais ouvert
il ouvre	il ouvrait	il ouvrira	il a ouvert	il avait ouvert
nous ouvrons	nous ouvrions	nous ouvrirons	nous avons ouvert	nous avions ouvert
vous ouvrez	vous ouvriez	vous ouvrirez	vous avez ouvert	vous aviez ouvert
ils ouvrent	ils ouvraient	ils ouvriront	ils ont ouvert	ils avaient ouvert

Subjonctif	Conditionnel présent	Conditionnel passé	Impératif
que j'ouvre	j'ouvrirais	j'aurais ouvert	Ouvre !
que tu ouvres	tu ouvrirais	tu aurais ouvert	
qu'il ouvre	il ouvrirait	il aurait ouvert	
que nous ouvrions	nous ouvririons	nous aurions ouvert	Ouvrons !
que vous ouvriez	vous ouvririez	vous auriez ouvert	Ouvrez !
qu'ils ouvrent	ils ouvriraient	ils auraient ouvert	

Infinitif	Participe présent	Gérondif	Participe passé
ouvrir avoir ouvert	ouvrant	en ouvrant	ouvert

Exemples : *Tu peux ouvrir ? On sonne.* *Ouvrez-moi la porte !*
J'ai ouvert mais il n'y a personne. *C'est ouvert, entrez !*

Se conjuguent comme ouvrir **les verbes :** découvrir, offrir, souffrir.

■ PARTIR

Présent	Imparfait	Futur	Passé composé	Plus-que-parfait
je pars	je partais	je partirai	je suis parti	j'étais parti
tu pars	tu partais	tu partiras	tu es parti	tu étais parti
il part	il partait	il partira	il est parti	il était parti
nous partons	nous partions	nous partirons	nous sommes partis	nous étions partis
vous partez	vous partiez	vous partirez	vous êtes partis	vous étiez partis
ils partent	ils partaient	ils partiront	ils sont partis	ils étaient partis

Subjonctif	Conditionnel présent	Conditionnel passé	Impératif
que je parte	je partirais	je serais parti	Pars !
que tu partes	tu partirais	tu serais parti	
qu'il parte	il partirait	il serait parti	
que nous partions	nous partirions	nous serions partis	Partons !
que vous partiez	vous partiriez	vous seriez partis	Partez !
qu'ils partent	ils partiraient	ils seraient partis	

Infinitif	Participe présent	Gérondif	Participe passé
partir être parti	partant	en partant	parti

Exemples :

En partant tout de suite, tu seras à l'heure. *Partons vite !*
J'aimerais que vous partiez avec nous au ski.

Se conjugue comme partir **le verbe :** sortir.

PEINDRE

Présent	Imparfait	Futur	Passé composé	Plus-que-parfait
je peins	je peignais	je peindrai	j'ai peint	j'avais peint
tu peins	tu peignais	tu peindras	tu as peint	tu avais peint
il peint	il peignait	il peindra	il a peint	il avait peint
nous peignons	nous peignions	nous peindrons	nous avons peint	nous avions peint
vous peignez	vous peigniez	vous peindrez	vous avez peint	vous aviez peint
ils peignent	ils peignaient	ils peindront	ils ont peint	ils avaient peint

Subjonctif	Conditionnel présent	Conditionnel passé	Impératif
que je peigne	je peindrais	j'aurais peint	Peins !
que tu peignes	tu peindrais	tu aurais peint	
qu'il peigne	il peindrait	il aurait peint	
que nous peignions	nous peindrions	nous aurions peint	Peignons !
que vous peigniez	vous peindriez	vous auriez peint	Peignez !
qu'ils peignent	ils peindraient	ils auraient peint	

Infinitif	Participe présent	Gérondif	Participe passé
peindre avoir peint	peignant	en peignant	peint

Exemples :

Qui a peint ce tableau ?   *Maman, je peux peindre ?*

J'aimerais bien que tu repeignes la cuisine en blanc.

Se conjuguent comme peindre **les verbes :** atteindre, éteindre, craindre, plaindre.

POUVOIR

Présent	Imparfait	Futur	Passé composé	Plus-que-parfait
je peux	je pouvais	je pourrai	j'ai pu	j'avais pu
tu peux	tu pouvais	tu pourras	tu as pu	tu avais pu
il peut	il pouvait	il pourra	il a pu	il avait pu
nous pouvons	nous pouvions	nous pourrons	nous avons pu	nous avions pu
vous pouvez	vous pouviez	vous pourrez	vous avez pu	vous aviez pu
ils peuvent	ils pouvaient	ils pourront	ils ont pu	ils avaient pu

Subjonctif	Conditionnel présent	Conditionnel passé	Impératif
que je puisse	je pourrais	j'aurais pu	
que tu puisses	tu pourrais	tu aurais pu	
qu'il puisse	il pourrait	il aurait pu	
que nous puissions	nous pourrions	nous aurions pu	
que vous puissiez	vous pourriez	vous auriez pu	
qu'ils puissent	ils pourraient	ils auraient pu	

Infinitif	Participe présent	Gérondif	Participe passé
pouvoir avoir pu	pouvant	en pouvant	pu

Exemples :

Tu pourrais m'aider une minute ?   *Il peut sortir tout seul maintenant ?*

L'oiseau a pu s'échapper de sa cage.

Attention, ce verbe est très irrégulier : présent : *je peux, tu peux, il peut* **; futur : je pourrai ;
subjonctif irrégulier ; pas d'impératif.**

■ PRENDRE

Présent	Imparfait	Futur	Passé composé	Plus-que-parfait
je prends	je prenais	je prendrai	j'ai pris	j'avais pris
tu prends	tu prenais	tu prendras	tu as pris	tu avais pris
il prend	il prenait	il prendra	il a pris	il avait pris
nous prenons	nous prenions	nous prendrons	nous avons pris	nous avions pris
vous prenez	vous preniez	vous prendrez	vous avez pris	vous aviez pris
ils prennent	ils prenaient	ils prendront	ils ont pris	ils avaient pris

Subjonctif	Conditionnel présent	Conditionnel passé	Impératif
que je prenne	je prendrais	j'aurais pris	Prends !
que tu prennes	tu prendrais	tu aurais pris	
qu'il prenne	il prendrait	il aurait pris	
que nous prenions	nous prendrions	nous aurions pris	Prenons !
que vous preniez	vous prendriez	vous auriez pris	Prenez !
qu'ils prennent	ils prendraient	ils auraient pris	

Infinitif	Participe présent	Gérondif	Participe passé
prendre avoir pris	prenant	en prenant	pris

Exemples :

Tu as pris le métro ou le bus ce matin ?   Prenez encore un gâteau !
Pour aller à Marseille, il faut que vous preniez le TGV.
Prends le métro, c'est plus rapide.

Se conjuguent comme prendre : **les verbes** apprendre, comprendre, surprendre.

■ RENDRE

Présent	Imparfait	Futur	Passé composé	Plus-que-parfait
je rends	je rendais	je rendrai	j'ai rendu	j'avais rendu
tu rends	tu rendais	tu rendras	tu as rendu	tu avais rendu
il rend	il rendait	il rendra	il a rendu	il avait rendu
nous rendons	nous rendions	nous rendrons	nous avons rendu	nous avions rendu
vous rendez	vous rendiez	vous rendrez	vous avez rendu	vous aviez rendu
ils rendent	ils rendaient	ils rendront	ils ont rendu	ils avaient rendu

Subjonctif	Conditionnel présent	Conditionnel passé	Impératif
que je rende	je rendrais	j'aurais rendu	Rends !
que tu rendes	tu rendrais	tu aurais rendu	
qu'il rende	il rendrait	il aurait rendu	
que nous rendions	nous rendrions	nous aurions rendu	Rendons !
que vous rendiez	vous rendriez	vous auriez rendu	Rendez !
qu'ils rendent	ils rendraient	ils auraient rendu	

Infinitif	Participe présent	Gérondif	Participe passé
rendre avoir rendu	rendant	en rendant	rendu

Exemples :

Tu as rendu les livres à la bibliothèque ?   Rends-moi un petit service, s'il te plaît.

Se conjuguent comme rendre : **les verbes** attendre, défendre, descendre, entendre, vendre, perdre, répondre.

SAVOIR

Présent	Imparfait	Futur	Passé composé	Plus-que-parfait
je sais	je savais	je saurai	j'ai su	j'avais su
tu sais	tu savais	tu sauras	tu as su	tu avais su
il sait	il savait	il saura	il a su	il avait su
nous savons	nous savions	nous saurons	nous avons su	nous avions su
vous savez	vous saviez	vous saurez	vous avez su	vous aviez su
ils savent	ils savaient	ils sauront	ils ont su	ils avaient su

Subjonctif	Conditionnel présent	Conditionnel passé	Impératif
que je sache	je saurais	j'aurais su	Sache !
que tu saches	tu saurais	tu aurais su	
qu'il sache	il saurait	il aurait su	
que nous sachions	nous saurions	nous aurions su	Sachons !
que vous sachiez	vous sauriez	vous auriez su	Sachez !
qu'ils sachent	ils sauraient	ils auraient su	

Infinitif	Participe présent	Gérondif	Participe passé
savoir avoir su	sachant	en sachant	su

Exemples :

Il faut que tu saches la vérité. *Si j'avais su que tu étais là, je serais venu te voir.*
Vous savez danser le rock ?

Attention au subjonctif et à l'impératif irréguliers : que je sache - sache, sachons, sachez.

VENIR

Présent	Imparfait	Futur	Passé composé	Plus-que-parfait
je viens	je venais	je viendrai	je suis venu	j'étais venu
tu viens	tu venais	tu viendras	tu es venu	tu étais venu
il vient	il venait	il viendra	il est venu	il était venu
nous venons	nous venions	nous viendrons	nous sommes venus	nous étions venus
vous venez	vous veniez	vous viendrez	vous êtes venus	vous étiez venus
ils viennent	ils venaient	ils viendront	ils sont venus	ils étaient venus

Subjonctif	Conditionnel présent	Conditionnel passé	Impératif
que je vienne	je viendrais	je serais venu	Viens !
que tu viennes	tu viendrais	tu serais venu	
qu'il vienne	il viendrait	il serait venu	
que nous venions	nous viendrions	nous serions venus	Venons !
que vous veniez	vous viendriez	vous seriez venus	Venez !
qu'ils viennent	ils viendraient	ils seraient venus	

Infinitif	Participe présent	Gérondif	Participe passé
venir être venu	venant	en venant	venu

Exemples :

Il vient à quelle heure ? *Vous êtes venus ensemble ?*
Il faut que tu viennes chercher ta tante à la gare.

Se conjuguent comme venir **les verbes :** devenir, parvenir, prévenir, revenir, se souvenir, tenir, appartenir, obtenir, soutenir.

■ VOIR

Présent	Imparfait	Futur	Passé composé	Plus-que-parfait
je vois	je voyais	je verrai	j'ai vu	j'avais vu
tu vois	tu voyais	tu verras	tu as vu	tu avais vu
il voit	il voyait	il verra	il a vu	il avait vu
nous voyons	nous voyions	nous verrons	nous avons vu	nous avions vu
vous voyez	vous voyiez	vous verrez	vous avez vu	vous aviez vu
ils voient	ils voyaient	ils verront	ils ont vu	ils avaient vu

Subjonctif	Conditionnel présent	Conditionnel passé	Impératif
que je voie	je verrais	j'aurais vu	Vois !
que tu voies	tu verrais	tu aurais vu	
qu'il voie	il verrait	il aurait vu	
que nous voyions	nous verrions	nous aurions vu	Voyons !
que vous voyiez	vous verriez	vous auriez vu	Voyez !
qu'ils voient	ils verraient	ils auraient vu	

Infinitif	Participe présent	Gérondif	Participe passé
voir avoir vu	voyant	en voyant	vu

Exemples :

Tu as vu Bruno ?

Avec des lunettes, vous verriez mieux.

Voyons le programme des conférences.

Je crois avoir vu ce film l'an dernier.

Attention à l'imparfait et au subjonctif : *nous voyions, que nous voyions.*

■ VOULOIR

Présent	Imparfait	Futur	Passé composé	Plus-que-parfait
je veux	je voulais	je voudrai	j'ai voulu	j'avais voulu
tu veux	tu voulais	tu voudras	tu as voulu	tu avais voulu
il veut	il voulait	il voudra	il a voulu	il avait voulu
nous voulons	nous voulions	nous voudrons	nous avons voulu	nous avions voulu
vous voulez	vous vouliez	vous voudrez	vous avez voulu	vous aviez voulu
ils veulent	ils voulaient	ils voudront	ils ont voulu	ils avaient voulu

Subjonctif	Conditionnel présent	Conditionnel passé	Impératif
que je veuille	je voudrais	j'aurais voulu	
que tu veuilles	tu voudrais	tu aurais voulu	
qu'il veuille	il voudrait	il aurait voulu	
que nous voulions	nous voudrions	nous aurions voulu	
que vous vouliez	vous voudriez	vous auriez voulu	Veuillez
qu'ils veuillent	ils voudraient	ils auraient voulu	

Infinitif	Participe présent	Gérondif	Participe passé
vouloir avoir voulu	voulant	en voulant	voulu

Exemples :

Je voudrais un kilo de tomates, s'il vous plaît.   *Il ne voudra pas venir.*

Ils ont voulu sortir mais la porte était fermée.

Attention, ce verbe est très irrégulier : présent : *je veux, tu veux, il veut* **; futur :** *je vou<u>d</u>rai* **; subjonctif irrégulier ; à l'impératif, une seule forme utilisée.**

INDEX